高等院校艺术与设计类专业"互联网+"创新规划教材
湘 潭 大 学 精 品 教 材 建 设 基 金 出 版 资 助

文化创意产品设计

主　编　姚　湘　胡鸿雁
副主编　高　慧　何铭锋　周　君
　　　　王雅淇　吴志军

内 容 简 介

本书主要介绍了文化创意产品设计的整个流程，先从文化研究着手，主要从文化定义、文化分类、文化形态、研究对象和研究方法几个方面阐述，再重点介绍文化创意产品的基本设计方法及其呈现方式，最后在设计定位的基础上提供设计解析与实践。全书末尾通过评价体系的方式对课程进行总结，可让读者对文化创意产品设计有一个深刻的认识，从而为其提高整体设计思维、设计解析与定位、设计综合实践能力打下坚实基础。

本书可作为工业设计、产品设计、文化创意等专业的教材，也可作为从事相关行业的设计与管理人员的指导和参考用书，还能为其他产品设计方向及相关管理人员提供有益的借鉴。

图书在版编目 (CIP) 数据

文化创意产品设计 / 姚湘，胡鸿雁主编．—北京：北京大学出版社，2020.1
高等院校艺术与设计类专业"互联网+"创新规划教材
ISBN 978-7-301-31241-4

Ⅰ．①文⋯　Ⅱ．①姚⋯②胡⋯　Ⅲ．①文化产品—产品设计—高等学校—教材　Ⅳ．①G124

中国版本图书馆 CIP 数据核字 (2020) 第 023179 号

书　　　名	文化创意产品设计
	WENHUA CHUANGYI CHANPIN SHEJI
著作责任者	姚　湘　胡鸿雁　主编
策划编辑	孙　明
责任编辑	孙　明
数字编辑	金常伟
封面原创	成朝晖
标准书号	ISBN 978-7-301-31241-4
出版发行	北京大学出版社
地　　　址	北京市海淀区成府路 205 号　100871
网　　　址	http://www.pup.cn　新浪微博：@北京大学出版社
电子信箱	pup_6@163.com
电　　　话	邮购部 010-62752015　发行部 010-62750672　编辑部 010-62750667
印　刷　者	北京宏伟双华印刷有限公司
经　销　者	新华书店
	889 毫米 ×1194 毫米　16 开本　7 印张　204 千字
	2020 年 1 月第 1 版　2023 年 7 月第 6 次印刷
定　　　价	49.00 元

未经许可，不得以任何方式复制或抄袭本书之部分或全部内容。
版权所有，侵权必究
举报电话：010-62752024　电子信箱：fd@pup.pku.edu.cn
图书如有印装质量问题，请与出版部联系，电话：010-62756370

前 言

中华文化历史悠久，底蕴深厚，其展现出的独特魅力，让世界为之赞叹，让国人为之骄傲。文化的重要作用不言而喻，她不仅仅是一个国家和民族的底蕴，更是一个国家和民族的精神支柱、经济支柱。在促进"新丝路"沿线经济带发展的大环境下，文化创意产业恰恰是推动经济发展的一项重要举措。党的二十大报告指出，要繁荣发展文化事业和文化产业。

"文化创意"看似一个简单的词汇，却包含了众多因素，简洁而不简单。在推动文化创意产业成为国家经济发展战略之际，文化产品研究更应注重创意、创新，尤其在面对着欧美等国家对世界文化的冲击时，我们更应反思，中国作为世界上的文化大国，应大力发展并利用自身文化，结合科学、技术、艺术、社会、经济等诸多学科知识要素，形成具有鲜明的中国特色的文化创意产业，将中国优秀的文化推向世界，以达到推动中国文化创意产品升级、促进国家经济发展的目的。

本书是编者结合多年的教学科研和创新、创业实践成果编写而成的，针对中国文化创意的发展之路，根据"中国传统文化—各地优秀文化—设计方法与呈现方式—设计案例解析"的主线层层展开，深入浅出。全书内容图文并茂，通俗易懂，适用于高等院校工业设计、产品设计和文化创意专业本科产品开发设计类的核心课程。

本书由姚湘、胡鸿雁主编。本书在武汉理工大学郑建启教授、湖南大学肖狄虎教授和利兹大学唐瑭老师的指导和支持下，历经三载，才完成了所有编写工作，感谢他们！同时，还要感谢湘潭大学王雅淇和高慧、湖南工业大学何铭锋、南华大学周君、湖南科技大学吴志军、江西师范大学吴艳丽等老师，他们提出了很多宝贵意见！另外，湘潭大学研究生李婉姗、李迎新、杨诗扬、李萌参与了本书第一轮资料收集工作，颜祺芳、王昱、易丹、毛建赟、李萌、张浩、刘俊、宋春润参与了本书第二轮编辑整理工作，胡蓉、李萌负责版面设计，在此对上述同学表示衷心的感谢！

限于编者学识，书中欠妥之处在所难免，敬请学界同人和广大读者批评指正。此外，因书中所引用的图片无法一一注明出处，谨向这些图片的作者致以最衷心的感谢和歉意！

编 者
2019 年 11 月

本书配套网络课程,详情可扫描下面的二维码。

【网络课程】

【资源索引】

目　录

第一章　文化研究／1

　　第一节　文化定义／3
　　第二节　文化分类／4
　　第三节　文化形态／7
　　第四节　研究对象／14
　　第五节　研究方法／22
　　单元训练／27

第二章　设计方法／29

　　第一节　常用设计方法／31
　　第二节　呈现方式／57
　　第三节　文化应用载体／60
　　单元训练／61

第三章　设计解析与实践／63

　　第一节　设计定位／65
　　第二节　设计参考／66

第三节　实例解析／74

第四节　实例展示／85

单元训练／97

课程总结／99

参考文献／102

第一章 文化研究

关乎人文以化成天下。

——语出《周易·贲卦·象传》

所谓文化，不过是一个民族生活的种种方面。可以总括为三个方面：精神生活方面，如宗教、哲学、艺术等；社会生活方面，如社会组织、伦理习惯、政治制度、经济关系等；物质生活方面，如饮食起居等。

——国学大师 梁漱溟

文化由外显的和内隐的行为模式构成，这种行为模式通过象征符号而传递；文化代表了人类群体的显著成就，包括它们在人造器物中的体现；文化的核心部分是传统观念，尤其是它们所具有的价值；文化体系一方面可以看作是活动的产物，另一方面则是进一步活动的决定因素。

——美国文化人类学家 克罗伯·克拉克

本章要求

掌握中国优秀传统文化的基本概念,利用不同的研究方法研究中国传统文化在当前应该如何继承和发展的问题,并将其融入文化创意产业中。

本章目标

培养对中国文化及文化创意产业的学习能力,了解中国文化的特点,为文化创意设计和实践打下良好基础,从而为中国文化创意产业的发展出谋划策、贡献己力。

内容框架

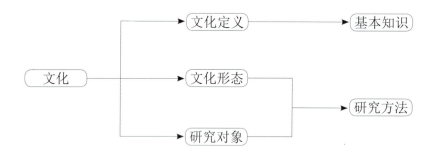

中华文化博大精深,既有"会当凌绝顶,一览众山小"的恢宏,也有"海纳百川"的包容。物华天宝,神州大地诞生了多种独具特色的优秀文化;人杰地灵,张骞出使西域,开辟"丝绸之路",为文化交融与发展作出了不可磨灭的贡献……

自古以来,文化的重要作用不言而喻。至今,传统文化的精华被代代相传,历久弥新,形成了中国独特的文化创意产业,推动着我国经济的发展。

尤其是在促进"新丝路"沿线经济带发展的大环境下,文化创意产业成为带动经济发展的一项重要战略。我国应该加快发展具有中国特色的文化创意产业,为中国文化创意产业走出国门、走向世界打下良好基础,在促进经济发展的道路上,扮演更加重要的角色。

第一节 文化定义

一、文化产品

广义的文化产品是指人类创造的一切提供给社会的可见产品,包括物质产品和精神产品;狭义的文化产品专指精神产品,诸如纯粹实用的生产工具、生活器具、能源资材等一般不能称为文化产品。本书中的文化产品均指广义的文化产品。

二、文化创意产品

文化创意产品是指文化创意产业中产出的任何制品或制品的组合。从产品最终形态来看,文化创意产品包含两个相互依存的部分:文化创意内容和硬件载体。文化创意产品相对于大多数一般产品来说,特殊性主要在于其文化创意内容。这也是文化创意产品的核心价值之所在。但是,文化创意内容无法独立存在,必然要依托具体的硬件载体而存在。因此,文化创意产品的价格主要是由两个部分的价值组成的,一是硬件载体的成本,二是文化创意内容的精神与情感价值。

三、文化

人们对"文化"的定义,往往"仁者见仁,智者见智"。据美国文化人类学家克罗伯和克拉克洪于1952年出版的《文化:概念和定义的批评考察》统计,世界各地学者对"文化"的定义有160多种。

在西方,"文化"一词源于拉丁文"culture",原意为耕作、培养、教育、发展和尊重。1871年,英国人类学家爱德华·泰勒在其所著的《原始文化》一书中对文化这样进行表述:知识、信仰、艺术、道德、法律、习惯等凡是作为社会的成员而获得的一切能力、习性的复合整体,总称为文化。

在中国,"文"的本义系指各色交错的纹理,有文饰、文章之义。东汉许慎的《说文解字》称:"文,错画也,象交文。"其引申为包括语言文字在内的各种象征符号,以及文物典章、礼仪行为等。"化"的本义为变易、生成、造化,所谓"万物化生",其引申义则为改造、教化、培育等。中国古代的这些关于"文化"的概念,基本上属于精神文明范畴,往往与"武力""武功""野蛮"相对应,本身包含一种正面的理想主义色彩,体现了古人治国方略中"阴"和"柔"的一面,既有政治内容,又有伦理意义。另外,古人在很大程度上将"文化"作为一个动词在使用,是一种治理社会的方法和主张,既与"武力""征服"相对立,又与之相辅相成,所谓"先礼后兵",文治武功。

四、中国传统文化

中国传统文化是中华文明不断演化并汇集成的一种反映民族特质和风貌的民族文化，是中华民族历史上各种思想文化、观念形态的总体表征，具体是指居住在中国境域内的中华民族及其祖先所创造的传统优良的文化。简单来说，中国传统文化就是通过不同的文化形态来表示的各种民族文明、风俗、精神的总称。

中国传统文化具有以下特征：

（1）世代相传。中国传统文化在某段历史时期内有所中断，且在不同的历史时期或多或少地有所改变，但是大体上没有中断过，总的来说变化不大。

【中国传统文化】

（2）民族特色。中国传统文化是中国特有的，与世界上其他民族的文化不同。

（3）历史悠久。中国传统文化具有五千多年的历史。

（4）博大精深。"博大"是指中国传统文化的广度大，"精深"是指中国传统文化的深度大。

第二节 文化分类

一、物质文化

物质文化是指为了满足人类生存和发展需要所创造的物质产品及其所表现的文化，包括饮食、服饰、建筑、交通、生产工具、乡村、城市等，是文化要素或者文化景观的物质表现方面。

物质文化遗产又称有形文化遗产，即传统意义上的文化遗产。根据《保护世界文化和自然遗产公约》规定，物质文化遗产包括历史文物、历史建筑、人类文化遗址。历史文物是指从历史、艺术或科学的角度来看具有突出的普遍价值的建筑物、碑刻、雕塑、书籍、书法、绘画，以及具有考古性质成分的结构、铭文、洞窟和联合体；历史建筑是指从历史、艺术或科学的角度来看在建筑式样、分布均匀、与环境景色结合方面具有突出的普遍价值的单立或连接的建筑群；人类文化遗址是指从历史、审美、人种学或人类学的角度来看具有突出的普遍价值的人类工程、自然与人联合工程及考古等区域。

如图1.1～图1.5所示的敦煌莫高窟、秦始皇陵兵马俑、北京故宫、布达拉宫和四羊方尊都属于物质文化遗产。

图1.1 敦煌莫高窟

图1.2 秦始皇陵兵马俑

图1.3 北京故宫

图1.4 布达拉宫

图1.5 四羊方尊

【物质文化】

二、非物质文化

非物质文化是指各民族人民世代相承的、与群众生活密切相关的各种传统文化表现形式和文化空间。非物质文化特指非物质形态的具有艺术价值和历史价值的东西。人类在社会历史实践过程中所创造的各种精神文化大体上可分为以下三个部分：

（1）与自然环境相配合和适应而产生的学科，如自然科学、宗教、艺术、哲学等。

（2）与社会环境相配合和适应而产生的人文，如语言、文字、风俗、道德、法律等。

（3）与物质文化相配合和适应而产生的方法，如器具、器械、仪器的使用方法等。

非物质文化遗产的范围包括：在民间长期口耳相传的诗歌、神话、史诗、故事、传说、谣谚；传统的音乐、舞蹈、戏剧、曲艺、杂技、木偶、皮影等民间表演艺术；民众世代传承的人生礼仪、岁时活动、节日庆典、民间体育和竞技，以及有关生产、生活的其他习俗；有关自然界和宇宙的民间传统知识和实践；传统的手工艺技能；与上述文化表现形式相关的文化场所等。

如图 1.6～图 1.10 所示的泼水节、皮影戏、嫦娥奔月传说、龙形雕刻、佛教文化都属于非物质文化遗产。

图 1.6 泼水节

图 1.7 皮影戏

图 1.8 嫦娥奔月传说

图 1.9 龙形雕刻

图1.10 佛教文化

【非物质文化遗产之上海灯彩】

第三节 文化形态

一、器物文化

器物文化是指将文化寄寓在器物之中并通过器物来反映的物质层面的文化，是人们在物质生活资料的生产实践过程中所创造的文化内容，包括衣、食、住、行等方面。我国古代的器物设计独具特色，并非只作日常的饮食起居之用，而更多在于观念的表达和象征，有着重大的社会和文化功能。很多器物作为政治、文化、礼仪的一种圣物而被供奉，其文化功能远大于实用功能，这类器物可称为"文化性器物"。

中国的器物文化博大精深，包括青铜器文化、玉器文化、陶瓷文化等。

（一）青铜器文化

中国古代的青铜器在世界上享有盛名。青铜古称金或吉金，是红铜与其他化学元素（锡、镍、铅、磷等）的合金，因颜色青灰色而得名。青铜器在原始社会末期已经被制造出来，之后出现了大量使用青铜工具及青铜礼器的辉煌灿烂的青铜时代。这一时期主要从夏商周时期直至秦汉时期，时间跨度约为两千年，是青铜器从发展、成熟直至鼎盛的辉煌时期。由于青铜器以其独特的器形、精美的纹饰、典雅的铭文向后人揭示了先秦时期的铸造工艺、文化水平和历史源流，所以被史学家称为"一部活生生的史书"。中国的青铜器是古代文明的标志，其代表作品如图1.11～图1.13所示。

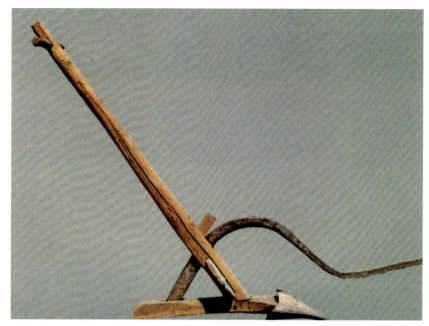

图1.11 犁

图1.12 四羊方尊（局部）

图1.13 青铜爵

（二）玉器文化

美石名玉，向来就是风雅之物。自古以来，玉器在人们心中的地位始终是神圣、崇高的，人们用它礼天祭祀，用它辟邪祛魔，也用它温润、净化心灵。玉是静穆的，其实质不过是一块石头；但它又是灵动的，是高贵人格的完美象征，如"君子如玉"。

最早的玉器产生于新石器时代，这一时期的玉器主要以北方的红山文化和南方的良渚文化为代表。红山玉雕以动物题材为主，且多光素无纹，象征性极强；而良渚古玉则以规整的造型、精美细致的刻划线条及传神的雕刻技法闻名于世。

在商周时期，宗教信仰、图腾崇拜成为社会生活的主流，这一点在玉器制品上有着鲜明的反映，其宗教意义往往大于审美意义，充满了神秘诡异的色彩。"天有时，地有气，工有巧，材有美，合此四者，然后可以为良"，是这一时期玉雕工艺的主要特色。

这时期的玉器既摆脱了前代不拘泥于形式的状况，又开创了中国玉雕史上的新局面，雕刻风格更加细腻精美，达到了神形兼备的效果。

西汉至南北朝时期的玉饰动感紧凑，尤其是汉代发展了透雕、刻线、浮雕、粟纹等多种装饰加工方法，使中国的玉雕工艺跨上了一个新的台阶。

【玉器文化】

唐代善于融合中外文化艺术，更善于推陈出新，因而创造了灿烂的盛唐工艺文化。唐代的玉器雕刻华丽丰满。

宋辽金时期的玉器则在承袭前朝的基础上，着力表现对象的内心世界，细部刻划精练，真实而自然。

元明清是我国玉雕工艺史上的鼎盛期，玉器工艺空前发达，并在全国各地形成了颇具规模的生产地，如渎山的大玉海等是这一时期的代表作。元代豪放，明代清雅，清代繁缛，这一时期的玉器各有所长，各有所精。

如图1.14所示为清代玉器龙纹西瓜罐。

（三）陶瓷文化

陶瓷也是中国对世界文明所作的一个伟大贡献。中国是世界上最早出口陶瓷的国家，素有"瓷国"美誉，世界各国人民通过陶瓷器皿了解到中华文明。瓷器堪称我国的"第五大发明"，它在技术和艺术上的成就，成为中国陶瓷文化的重要内容。

图1.14　龙纹西瓜罐

陶瓷是由黏土或主要含黏土的混合物，经成形、干燥、烧制而成的制品的总称，分为陶器、瓷器和炻器。瓷器的产生，与高温烧成技术、制瓷原料的精选及釉的发明这三个条件紧密相关。瓷器是以精选的瓷土或瓷石为原料，经过配料、成型、干燥、焙烧等工艺流程制成的器物。

瓷器和陶器的区别主要体现在：使用原料不同，釉料不同，烧成温度不同，坚硬程度不同，透明度不同。瓷器无论是在实用性还是艺术性上都比陶器具有更多优点，便逐渐取代了汉代之前陶器在陶瓷史上的主角地位，成为我国独具特色的民族艺术奇葩。

二、行为文化

行为文化属于制度层面的文化，是指人们在生活、工作之中所贡献的有价值的可以促进文明、文化和人类社会发展的经验及创造性活动，是通过人的行为体现出来的有形文化。行为文化是文化层次理论结构要素之一，它反映在人与人之间的各种社会关系中和人的生活方式上，是以礼俗、民俗、风俗等形态表现出来的约定俗成的行为模式。

如图 1.15 所示的宗族祭祀便是一种行为文化。

文化是一种社会交流和传递的方式，通过特定的途径，被社会成员共同获得。这种

图 1.15　宗族祭祀

获得共同文化的特定途径,其实就是文化得以交流和传递的制度文化,即行为文化。文化的存在只有被认同和学习时才是有意义的,而被认同和学习的实现,必须依靠一套相关的制度规则。因此,行为文化就将文化与制度统一起来了。当制度体现为规则时,它必然反映了文化的价值、文化的精神或文化的理念;而当文化体现为规则时,它必然采取风俗、习惯或制度的形式。从某种意义上可以说,没有文化价值的制度是不存在的,没有制度形式的文化也是不存在的。

人类的行为虽然受思想、观念、精神因素的支配,但也是一种群体的、社会的共同行为。所以,文化的精神因素必然会反映、萌生和形成习俗、规则、法律、制度等制度因素。当制度诸因素产生和形成之后,就会使人的精神因素通过制度因素转化成为物质成果,也就是人类行为或人类活动的收获。由此可见,行为文化作为文化整体的一个组成部分,既是精神文化的产物,又是物质文化的工具。

作为物质文化和精神文化的中介,行为文化在协调个人与群体、群体与社会的关系,以及保证社会的凝聚力方面起着不可或缺的显著作用,深刻地影响着人们的物质生活和精神生活。

如图 1.16～图 1.19 所示的行为均属于行为文化范畴。

图 1.16　古典婚礼

图 1.17　商场共赢

图 1.18　清朝八旗

图 1.19　商业合作

三、观念文化

观念文化和物质文化一样，也是人们在日常的生活中总结出的经验理论。观念文化属于精神层面的文化，以价值观或文化价值体系为中心，具体表现在人的伦理道德、对美的事物的感受、对于艺术的品位和精神世界的追求。也可以说，精神的文化范畴就是科学、艺术和道德，用现在的物质理论的概念来解释就是真善美的统一。

观念文化是人的精神食粮，孕育人的精神家园，决定人的精神状态、精神生活、精神本质，是人的本质属性体现。观念文化又是社会旗帜、社会规范，既具有价值导向、精神源泉、民族凝聚的功能属性，又具有赋予民族国家国魂、集体单位群魂、个体思想灵魂的社会属性。

意大利哲学家维柯在其《新科学》中提到，人类创造的世界是一个文化的世界，这个世界与自然界有本质的不同。他认为，国家、政体、社会、机制、宗教、习俗、规范、艺术等都属于人的创造，这就是与自然迥然有别的文化或文明。作为文化的创造者，人能够更好地理解自己所创造的文化。

我国古代所提供的"五常"，即仁、义、礼、智、信，就属于观念文化的范畴，如图 1.20 所示。

图 1.20　仁、义、礼、智、信

观念文化属于精神层面的文化，是在器物文化和行为文化基础上形成的意识形态，是指长期生活在同一文化环境中的人逐步形成的对自然、社会与人本身的基本的、比较一致的观点与信念。它一方面是对活动方式的符号化（形式化）和理论化，另一方面是活动方式得以运作（与人结合）的基础，因而是文化系统的核心要素。

如图 1.21～图 1.24 所示的传统绘画作品均属于观念文化的范畴。

图 1.21　宫廷画

图 1.22　莲花彩铅绘画

图 1.23　风景画

图 1.24　山水画

第四节 研究对象

文化有多种分类方式，如地域、饮食、建筑、民俗、制度等。中华文化源远流长，在文化的进行与演变中，不同地区产生了不同特色的文化形态，并流传至今，形成了鲜明的地域文化。地域文化是特定区域的生态、民俗、传统、习惯等文明表现，在一定的地域范围内与环境相融合，因而打上了地域的烙印。地域文化是我们进行文化创意产品设计时研究的重要对象。

【地域文化】

地域文化中的"地域"，是文化形成的地理背景，范围可大可小；地域文化中的"文化"，可以是单要素的，也可以是多要素的。地域文化的形成是一个长期的过程，也是不断发展和变化的，但在一定阶段具有相对的稳定性。

一、齐鲁文化

齐鲁文化是齐文化和鲁文化的统称。春秋时期的鲁国，产生了以孔子为代表的儒家思想学说，而东临滨海的齐国却吸收了当地的土著文化（东夷文化）并加以发展。这两种文化存在差异，相对来说，齐文化尚功利，鲁文化重伦理；齐文化讲求革新，鲁文化尊重传统。这两种文化在发展中逐渐有机地融合在一起，形成了具有丰富历史内涵的齐鲁文化，如图 1.25 和图 1.26 所示。

图 1.25 齐鲁文化古迹

图1.26 齐鲁文化雕刻

1982年夏,考古工作者在沂河、沭河流域发现了若干组细石器埋藏点,并命名为"沂沭细石器文化"。据考古研究,这可能就是北辛文化的源头。这一发现,使沂沭的旧石器文化与北辛文化之间找到了联结点,并与"北辛文化—大汶口文化—龙山文化"谱系连接起来,组成了鲁南地区的中国史前文化的完整序列。而这一区域性的史前文化,就是山东的土著居民东夷人创造的、土生土长的东夷文化。其中,大汶口文化和龙山文化的发展时期被认为是东夷文化的鼎盛时期。西周初期,姜太公被封于齐,以治理夷人;周公被封于鲁,以拱卫周室。分封齐、鲁,标志着东夷文化向齐文化演变,宗周文化则在鲁国完整地保存了下来。

如图1.27所示的就是现代的齐鲁文化传承活动。

齐鲁文化之所以能够在中国传统文化中发挥重要作用,是因为其凝聚力和生命力来自其基本精神。齐鲁文化的基本精神大体归纳为自强不息的刚健精神、崇尚气节的爱国精神、经世致用的救世精神、人定胜天的能动精神、民贵君轻的民本精神、厚德仁民的人道精神、大公无私的群体精神、勤谨睿智的创造精神等。这些品质对中华民族优秀传统精神的形成具有重要作用。

图1.27　齐鲁文化传承活动

二、巴蜀文化

巴蜀文化特指四川、重庆地区的文化，以重庆为中心。巴人在夷城（今湖北长阳土家族自治县境内）建立了巴国第一个首都，后活动于重庆全境、湖北西部、四川东部、陕西南部及贵州北部地区。蜀则由三个古族融合而成，后成为西周封国。商至西周时期，蜀人与黄河流域的民族已有文化交流，现代出土商代后期陶器有深腹豆形器、高柄豆、小平底钵等，都体现了地方特色。但是，现代在这一区域出土的铜镞、铜戈、铜矛却为黄河流域常见的器形，而出土的玉石礼器与中原地区出土的玉石礼器一致。

【巴蜀文化】

巴蜀盆地在地形上为"四塞之国"，在古代交通困难，如唐代诗人李白有"蜀道之难，难于上青天"的感叹。这一封闭地形对作为农业文明的巴蜀文化来说，必然会造成较大影响。但是，这种地形却激励着巴蜀先民向外开拓、努力改善自身环境的决心和勇气。因此，环境与文化相交融，造就了巴蜀先民于封闭中有开放、于开放中有封闭的历史个性。随着时代的推移，开放和兼容终于成为巴蜀文化最大的特色，如图1.28所示。

巴蜀地区最大的特色就是有雄险幽秀的自然景观（图1.29），包含了深厚的文化内涵（图1.30）。例如，剑门蜀道具有丰富的三国蜀汉文化、梓潼文昌文化及女皇武则天故里文化的内涵；九寨黄龙一线具有羌族石碉文化、夏禹文化、古蜀岷山文化、三国蜀汉文化的内涵；泸沽湖具有"母系王国"文化的内涵；三峡一线则更是一个古代文化的宝库。

图 1.28 巴蜀文化表演

图 1.29 巴蜀自然景观

图 1.30 巴蜀文化用品

三、楚文化

楚文化是春秋时期南方诸侯国楚国的物质文化和精神文化的总称，是华夏文明的重要组成部分。楚国先民最初生活在黄河流域的中原地区，南迁后给楚地带去了先进的华夏文明因素，并以中原商周文明特别是姬周文明为基础发展了楚文化。从文化性质来看，楚文化更多地保留了中原姬周文明的特色，同时也吸收了少量蛮夷文化的特点。

现今湖北大部、河南西南部为早期楚文化的中心地区；河南东南部、江苏、浙江和安徽北部为晚期楚文化的中心；湖南、江西是春秋中期以后楚文化的中心地区；贵州、云南、广东等地的部分地区也受到了楚文化的影响。

【楚文化】

楚文化继承了商周文化的一些特点，其辉煌灿烂的文化成就举世瞩目。作为楚文化重要组成部分的楚文化艺术品更是享誉海内外，其设计形式和风格充分体现了楚人的想象力和审美意识，如图1.31～图1.35所示。楚国艺术设计乃至整个楚文化的成熟是在当时特有的历史环境中产生的，追根溯源势必与先秦时期的历史文明有关。

楚文化在民族精神层面的特征是积极进取、开放融合和革新鼎故。积极进取是指楚人不满足于既得和既知，勇于向未知领域渗透，向未知领域开拓；开放融合是指楚人虽有自己的文化传统，但从来不固步自封，从来不拒绝外来文化的合理因子；革新鼎故是指楚人善于师夷之长，目的在于创新，在于形成自己的特色。

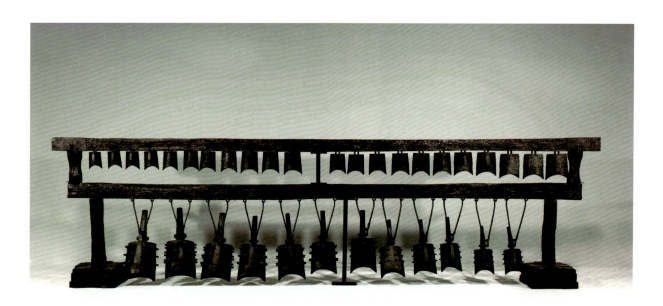

图1.31　楚文化艺术品1

图1.32 楚文化艺术品2

图1.33 楚文化艺术品3

图1.34 楚文化艺术品4

图1.35 楚文化艺术品5

四、吴越文化

吴越文化又称江浙文化，是华夏文明的重要组成部分，也是江浙的地域文化。吴越文化区以太湖流域为中心，范围包括今上海、江苏南部、浙江、安徽南部、江西东北部，以钱塘江为界。吴越文化可细分为"吴文化"和"越文化"，两者同源同出。吴越文化景点如图1.36～图1.39所示。

从河姆渡文化、良渚文化一路走来，虽然历经数千年的风雨同舟，但是吴越文化风采依旧。"吴文化"和"越文化"同俗并土，同气共俗，逐渐在相互交融、激荡、流变与集成中形成统一的文化类型。

图1.36　吴越文化景点1

图1.37　吴越文化景点2

图1.38　吴越文化景点3

图1.39　吴越文化景点4

　　早期的吴越民众以尚武逞勇为风气，晋室南渡后士族文化的特质改变了吴越文化的审美取向，逐渐注入"士族精神"和"书生气质"，开始成为中国文化中精致典雅的代表。

　　在唐代，吴越经济开始超过北方，影响力进一步扩大。同时，北方文化在多次的战争和少数民族短期统治中逐渐淡化。因此，吴越文化在保留了较多当地土著文化的同时，又保留了较多的传统中国文化。例如，吴语细软优雅，有"吴侬软语"的美称。

　　南宋以来，吴越文化越发向精致的方向生长，尤其是吴越人开始赶超中原及北方，成为官场主流。后来，随着近代工商业的萌芽，吴越文化又平添了奢华之习。

当然，由于几千年来的政治纷争，每每造成人口的大量流动会促使多种文化之间相互交融，使区域的文化内涵更为丰富，这可以称为混合文化，实际上就是"江南文化"。

五、西江文化

西江文化兴起于东南沿海的百越稻作区域。千里西江，发端于云贵高原的乌蒙山区，悠悠东去直通粤港澳，一直都是中国西南和华南地区重要的出海通道之一。西江流域内人口聚集，少数民族众多。如图1.40所示为西江文化活动现场。

图1.40　西江文化活动

西江是中国大石铲文化、贝丘文化中心，也是中国稻作文化、铜鼓文化最早的发源地之一，还是中国崖壁画文化最大的密集区，更是岭南地区和东南亚国家影响深远的壮泰语、粤语的主要发源地。此外，西江流域具有山水文化、地名文化、名人文化、服饰文化、织锦文化、干栏文化、边关文化、海洋文化、华侨文化等独特而重要的文化资源。

文化因积淀而厚重，西江流域远在古代便开始吸纳中原文化、荆楚文化、滇越文化、东南亚文化，最终形成了自身特点，创造了璀璨夺目的多元文化，成为多元文化与自然和谐发展的新热土，如图1.41和图1.42所示。

【西江文化】

图1.41　西江文化景点1

图1.42　西江文化景点2

第五节　研究方法

一、历史文献法

历史文献法也称文献法，是指搜集、分析和研究各种现存的有关文献资料，从中选取信息，以达到某种调查研究目的的方法。它所要解决的是如何在浩如烟海的文献资料中选取合适的资料，并对这些资料做出恰当的分析和应用。例如，对一些以前的文化现象不能进行现时调查时，只能从历史文献资料中进行调查研究。

如图1.43所示的是采用历史文献法进行调查时所利用的参考书籍。

图1.43　参考书籍

历史文献法具有以下优点：

（1）方便、自由、安全。

（2）超越了时间、空间限制。

（3）比口头调查更准确、更可靠。

（4）它是一种间接的、非介入性的调查。

（5）省时、省钱、效率高。

开展历史文献法需要执行以下几个步骤：

（1）确定分析单元，了解具体内容。

（2）制定分类标准。

（3）确定检索途径。

（4）抽取分析样本。

（5）浏览与检索信息。

（6）进行统计和综合分析。

历史文献可分为以下几个种类：

（1）国家统计局和各级地方统计部门定期发布的统计公报、定期出版的各类统计年鉴。

（2）各种经济信息部门、各行业协会和联合会提供的定期或不定期信息公报。

（3）国内外有关报纸、杂志、电视等大众传播媒介。

（4）各种国际组织、外国驻华使馆、国外商会等提供的定期或不定期统计公告或交流信息。

（5）工商企业内部资料，如销售记录、进货单、各种统计报表、财务报表等。

（6）各级政府部门公布的有关市场的政策法规，以及执法部门公布的有关经济案例。

二、民族学调查法

民族学调查法是指通过对民族进行调查积累丰富的文字资料以记录非物质文化遗产的方法。

【民族学调查法】

例如，印度曾开展"真正的村庄"调查，以审视在全球化过程中印度社会底层的传统观念、意象和本土文化，从"真实的世界"中深入挖掘融入地方性用户知识的人工制品，如廉价且实用的手动包装器、用废弃包装和木头制成的小贩手推车、用废弃包装制成的木质擦鞋支架、用来帮助农夫学习农业技术的游戏棋盘等，如图1.44所示。

图1.44 民族学调查法实例

三、比较分析法

比较分析法是一种自然科学或社会科学的研究方法，通过观察和分析找出研究对象的相同点和不同点。它是认识事物的一种基本方法，按照物质、意识形态划分文化，通过比较性质相近的事物，得出它们的相同点和不同点。这样的对照比较就是对比分析。

对比分析法通常将两个或更多相互联系的指标数据进行比较，从数量上进行展示和说明，以研究对象规模的大小、水平的高低、速度的快慢及各种关系是否协调。在对比分析中，选择合适的对比标准是十分关键的步骤。只有选择合适，才能做出客观的评价；如果选择不合适，则评价可能得出错误的结论。

例如，人们可以对颐和园（图1.45）和苏州园林（图1.46）进行比较分析。

图1.45　颐和园

图1.46　苏州园林

四、观察法

观察法是指根据一定的研究目的、研究提纲或观察表，用感官和辅助工具去直接观察被研究对象，从而获得资料的一种方法。

科学地观察具有目的性、计划性、系统性和可重复性。常用的观察方法有核对清单法、级别量表法、记叙性描述等。由于人的感官具有一定的局限性，所以往往要借助各种现代化的仪器和手段（如照相机、录音机、显微录像机等）来辅助观察。

观察法是一种有目的、有计划的观察文化现象的方法。如图1.47所示，细心观察各种现象时，要进行系统性的记录，包括观察人物、时间、环境、行为和关系等。

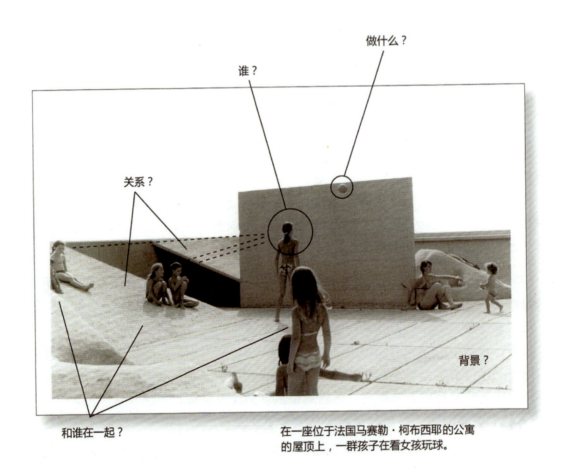

图1.47 观察法实例

单元训练

（1）中国传统文化的拓展，扫描右侧二维码观看。

（2）结合文化和文化创意产品的定义，分析物质文化与非物质文化的区别和联系。

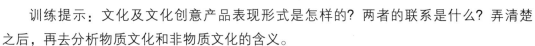

【中国传统文化的拓展】

训练时间：1课时。

训练方式：教师讲解文化定义，学生进行自我理解，并提出论点。

训练提示：文化及文化创意产品表现形式是怎样的？两者的联系是什么？弄清楚之后，再去分析物质文化和非物质文化的含义。

训练要求：

① 深入理解文化和文化创意产品的定义。

② 列出物质文化和非物质文化的定义。

③ 分析物质文化和非物质文化的定义，找出两者的区别和联系。

训练目的：充分了解文化的定义，分清不同文化的区别和联系，进而从文化角度出发，深入了解文化创意产品。

（3）根据文化形态的概念，选择器物文化、行为文化、观念文化中的一个进行探究和扩展。

要求归纳出其概念、特征和发展历程。

训练时间：2课时。

训练方式：教师讲解每一种文化形态的概念，拓展一些课外知识。

训练提示：器物文化、行为文化、观念文化都有自己独特的底蕴，随着历史的变迁而不断发展。

教学要求：

① 列出器物文化、行为文化、观念文化的内容、特征和发展历程。

② 选取其中一种文化形态，寻找相关资料，进行拓展。

训练目的：要求对文化形态的概念有具体理解，并从其中一种形态出发，加强对文化形态的学习，从而更好地具备研究中国传统文化的能力。

第二章　设计方法

在某种程度上，发现比设计更重要。

——日本工业设计大师　黑川雅之

一般人都认为好的外观就是好的设计，事实上，好的设计需要符合时代的特色。工业设计是一种生意，要能够卖得好，得到广大接受性，就是设计师要有勇气去怀疑现有的产品。

——日本著名工业设计师　秋田道夫

谁要以为自己发明了"永恒的美"，他就一定会陷于模仿和停滞不前。真正的传统是不断前进的产物，它的本质是运动，不是静止。现代建筑不是老树上长出的新枝，而是从新的土壤中生长出来的幼株。

——美国著名建筑师　弗兰克·劳埃德·赖特

本章要求

学习产品设计的系统思维,掌握基本的设计方法和设计流程。

本章目标

培养产品设计的系统思维,将所学的知识与设计效果进行有机结合,具备将这些基础理论知识融入后期设计应用的能力。

内容框架

虽然我国有着丰富的文化资源,但是在以产业形式进行文化推广方面的工作做得很不够。国内一直对"软实力"有所误解,一谈到"软实力"就是怎样卖电影、书籍等文化产品。实际上,"软实力"最核心的是有吸引力的价值观,真正有吸引力的不是一些红灯笼之类的符号表象,而是"软实力"背后的价值观念。"软实力"还包括科技能力等,在这些方面美国、日本及欧洲部分发达国家无疑是很强势的,我国要在这些方面赶上,还需要一个很长的调整和发展的过程。

文化是一种意识形态,是形而上的。在艺术设计中,我们对于传统文化的应用实际上是对这一意识形态进行了物质化,通过可视的形态和创造性思维,最终以艺术作品的形式表现出来。

应用中国传统文化的视觉形态进行设计,重点在于借用某些具有象征意义的视觉形态来表达某种志趣、情感或思想;或者,对传统元素进行创新,将传统的设计语言渗透于现代设计之中,创造出新的视觉形态,使其既具有传统元素的形似和神韵,又具有现代设计的意味与形式,以唤醒个人和民族的记忆,进而体现出个人和民族的气质、精神和理念。

本章将介绍产品设计的整个流程,可使设计爱好者和工业设计初学者对其有一个清楚的认识,同时能对产品设计进行独立的思考。产品的造型表现方法和技法极其丰富,我们在熟悉和了解的过程中要通过筛选并结合实际,找到最佳方法。

第一节 常用设计方法

一、头脑风暴法

"头脑风暴"最早是精神病理学上的用语,是针对精神病患者的精神错乱状态而言的。后来,"头脑风暴"多指无限制的自由联想和讨论,其目的在于产生新观念或激发创新设想。

在群体决策中,由于群体成员心理相互作用影响,易屈于权威或大多数人意见,所以会形成所谓的群体思维。群体思维削弱了群体的批判精神和创造力,损害了决策的质量。为了保证群体决策的创造性,提高决策质量,人们在管理上便发展了一系列改善群体决策的方法,头脑风暴法就是较为典型的一个。

运用头脑风暴法,给定中心词,充分发散思维联想一切自己感兴趣或者好玩的文化元素,用便条纸将联想到的关键词记录下来,之后进行分析和整理工作。

采用头脑风暴法组织群体决策时,要集中有关专家召开专题会议,如图2.1所示。主持者以明确的方式向所有参与者阐明问题,说明会议的规则,尽力创造融洽、轻松的会议气氛。主持者一般不发表意见,以免影响会议的气氛,由组员"自由"提出尽可能多的方案,如图2.2所示。

【头脑风暴法】

图2.1 头脑风暴法会议

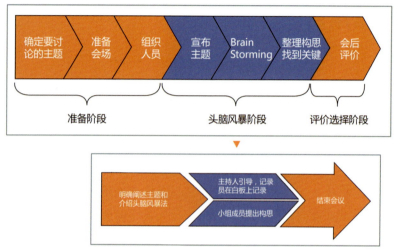

图 2.2　头脑风暴法示意图

头脑风暴法的基本原理：

（1）只专心提出构想而不加以评价。

（2）不局限思考的空间，鼓励天马行空，想出越多主意越好。

头脑风暴法的四大原则：

（1）自由奔放去思考。要求与会者尽可能地解放思想，无拘无束地思考问题并畅所欲言；同时，鼓励自由奔放、异想天开的意见，观念越新奇越好。

（2）会后评判。禁止与会者在会上对他人的设想评头论足，排除评论性的判断。至于对设想的评判，留在会后进行，也不允许自谦。

（3）以量求质。鼓励与会者尽可能多地提出设想，以大量的设想来保证质量较高的设想的存在，设想多多益善，不必顾虑构思内容的好坏。

（4）可以"搭便车"，见解无专利。鼓励盗用别人的构思，借题发挥，根据别人的构思联想另一个构思，利用一个灵感引发另外一个灵感，或者把别人的构思加以修改。

头脑风暴法的八点要求：

（1）运用头脑风暴法，首先应有主题。

（2）不能同时将两个及以上的主题混在一起，主题应单一。

（3）问题太大时，要细分成几个小问题。

（4）创造力强，分析力也要强，要有幽默感。

（5）头脑风暴要在 45～60 分钟内完成。

（6）主持人要把构思写在白板上，字体清晰，以启发其他人的联想。

（7）在头脑风暴后，对创意进行评价（会后评价）。

（8）评价创意时，做分类处理。

二、卡片智力激励法

卡片智力激励法又称 CBS 法,由日本创造开发研究所所长高桥诚创立,其特点是对每个人提出的设想可以进行质询和评价。采用卡片智力激励法需要进行卡片切割,如图 2.3 所示。

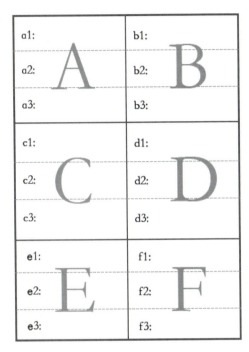

图 2.3 卡片切割示意图

CBS 法实施步骤如下:

(1) 5~8 人参加会议,每人发 50 张卡片,另准备 200 张卡片备用,会议时间为 60 分钟。

(2) 参加者对会前所提示的主题进行设想,并把设想写在卡片上。每张卡片写一个设想,每人提出 10 个以上的设想,时间为 10 分钟。

(3) 在开会时,各人把卡片放在桌子上,轮流进行解说。

(4) 倾听他人设想时,可提出质询。如果自己有新构想,应立即写在备用的卡片上,并把它放在桌子上,时间为 30 分钟。

(5) 参加者发言完毕以后,将内容相似的卡片集中起来,并加上标题。

(6) 卡片分好类后,要将标题列在最前头,并横排成一列,之后逐一讨论完善各种设想。

(7) 主持人决定分类题的重要程度,时间为 10 分钟。

三、奔驰法

奔驰法是一种辅助创新思维的方法，主要通过以下 7 种思维来启发实践：

（1）替代。

创意或概念中哪些内容可以被替代，以便改进产品？

哪些材料或资源可以被替换或互相置换？

运用哪些其他产品或流程可以达到相同的目的？

（2）结合。

哪些元素需要结合在一起，以便进一步改善创意或概念？

如果将该产品与其他产品结合，会得到怎样的新产物？

如果将不同的设计目的或目标结合在一起，会产生怎样的新思路？

（3）调适。

创意或概念中的哪些元素可以进行调整改良？

如何将产品进行调整，以满足另一个目的或应用？

还有什么元素、目的或产品可以进行调整？

（4）修改。

如何修改创意或概念，以便进行下一步改进？

如何修改现阶段的形状、外观或给用户的感受等？

如果将该产品的尺寸放大或缩小，会有怎样的效果？

（5）其他用途。

创意或概念怎样运用到其他用途中？

是否能将创意或概念用到其他产品或行业？

在另一个情境中，产品的行为方式会如何？

能否将产品的废料进行回收再利用，以创造些新的东西？

（6）消除。

已有创意或概念中的哪些方面可以去掉？

如何简化现有的创意或概念？

哪些特征、部件或规范可以省略？

（7）反向。

与创意或概念完全相反的情况是怎样的？

如果将产品的使用顺序颠倒过来，或改变其中的使用顺序，会得出怎样的结果？

如果做了一个与现阶段创意或概念完全相反的设计，结果又会是怎样的？

四、思维导图法

思维导图是一种视觉表达形式，展示了围绕同一主题的发散思维与创意之间的相互联系。研究思维导图，从中找出各个想法互相之间的关系，可提出解决方案。设计师可以通过思维导图将主题所有相关因素和想法视觉化，将对主题的分析结构化，如将主题的名称描写在空白纸上，并将其圈起来，再对主题进行头脑风暴，绘制从中心向外发散的线条，并将自己的想法标在不同的线条旁，可以根据需要在主线上增加分支。这种方法就是思维导图法，如图 2.4 所示。还可以使用一些额外的视觉技巧，如用不同颜色标记几条思维主干，用圆形标记关键词语或者出现频率较高的想法，用线条连接相似的想法。

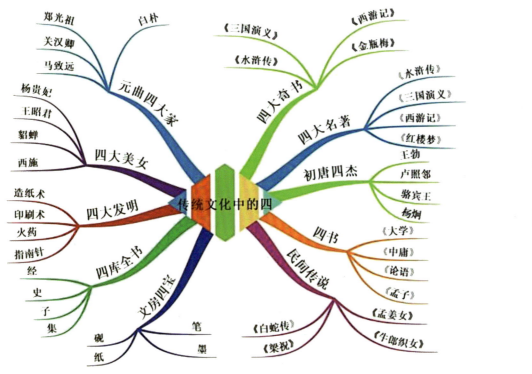

【思维导图法】

图 2.4 思维导图法示意图

思维导图的绘制过程（以"开一家以船为特色的主题餐厅"为案例）如下：
（1）准备 A3 纸一张、彩色笔（至少三色以上）若干、水性笔一支，纸必须横放。

（2）画中心主题。在纸的正中间画一个圈或一个框，把主题词写进去就可以了，如图 2.5 所示。

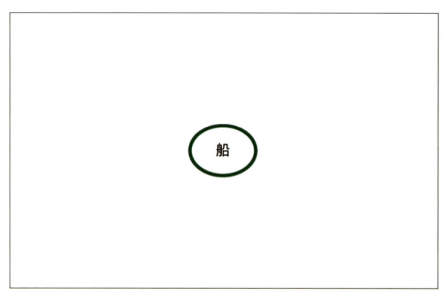

图 2.5　画中心主题

（3）画主干。画主干线条要柔和，色差要强烈。画图顺序从右上角开始，沿着顺时针到左上角结束，如图 2.6 所示。

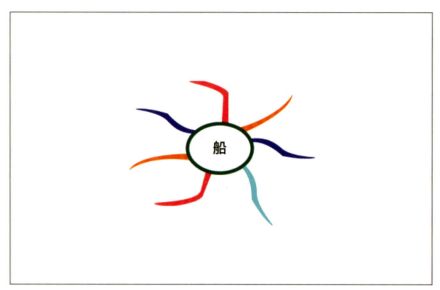

图 2.6　画主干

（4）填写主干关键词。提炼出主干关键词并填写，如图2.7所示。每个人的理解和关注点不一样，提炼出来的关键词会有所不同，任意发挥即可。

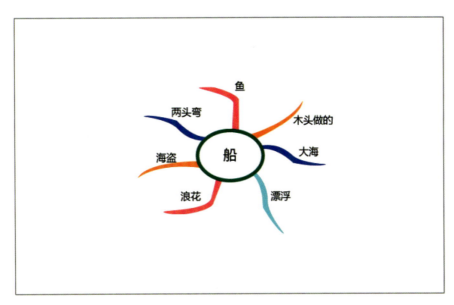

图2.7　填写主干关键词

（5）画分支和填写关键词，如图2.8所示。先画第一层分支，再画第二层分支，然后继续分。当然，也可以直接就一个分支画到底，不需要画完第一层就开始第二层。

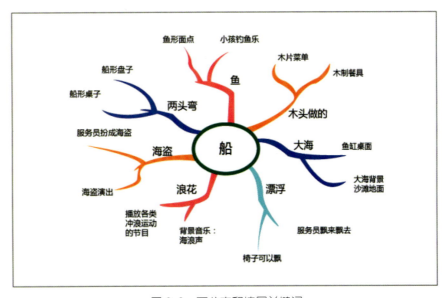

图2.8　画分支和填写关键词

思维导图的优点就在于可以不断添加，突然想到了什么，继续添加就可以。多个分支如同吃大锅饭时加双筷子而已，还可以随时砍掉分支或者添加分支。

（6）配小图。可以根据个人的理解在不同的区域配上小图，有助于理解发散，也能使思维导图更漂亮，如图2.9所示。

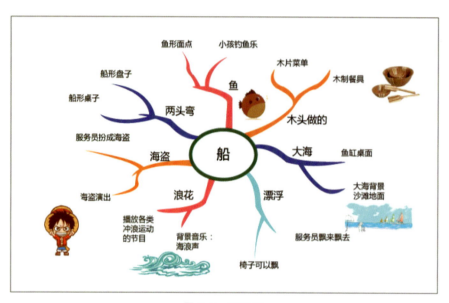

图2.9　配小图

思维导图的绘制要点如下：

（1）图像。中央要用图像，分支要用图像，整个思维导图都要多用图像，因为图像有助于触发无数联想，加强记忆。不要怕画得不好，有效就行。

（2）关键词。如果有些内容无法用图片表达，那么就要使用关键词。关键词需要简短，尽量少用词组，多用单词。

五、拼贴画法

拼贴画法是一种展示产品使用情境、产品用户群、产品品类的视觉表现方法，如图2.10所示。它可以帮助设计师完善视觉化设计的标准，便于与项目其他利益相关者交流设计标准。

采用拼贴画法，应选择最合适的材料，2D和3D的材料均可，可凭直觉尽可能多地收集原始视觉素材，并根据所关注的目标用户群、使用环境、使用方式、用户行为、产品类别、颜色、材料等因素将视觉素材进行分类；还需要决定背景的功能和意义，如构图定位、水平或垂直定位、背景的颜色、肌理及尺寸。

图 2.10 拼贴画法

制作拼贴画时,首先在草图上找到合适的构图,此时需要着重关注坐标轴与参考线的位置,思考图层的先后顺序、图片大小、图片与背景的关系;然后,按照自己的构图意愿绘制一幅临时拼贴画;最后,检查全图,确定该图是否已经呈现出大部分所需要表达的特征,之后进行粘贴。

六、场景描述法

场景描述法也称情境故事法或使用情景法,以故事的形式讲述目标用户在特定环境中的情形,如图 2.11 所示。根据不同的设计目的,故事的内容可以是现有产品与用户之

图 2.11　场景描述法

间的交互方式,也可以是未来场景中不同的交互可能。在采用场景描述法时,要确定场景描述的目的,明确场景描述的数量及篇幅,选定特定的人物角色或目标用户及需要达成的主要目标;同时,要构思场景描述的写作风格,为每个场景描述拟定一个具有启发性的标题,并巧妙利用角色之间的对话,使场景描述内容栩栩如生;还要为场景描述设定一个起始点,触发场景的起因或事件,专注地创作一篇最具前景的场景描述。

设计的过程也被普遍认为是解决问题的过程,而在解决问题之前,设计师首先要寻找并界定真正的设计问题。这是得出解决方法最重要的前提。回答以下问题可以帮助设计师界定设计问题:

（1）谁遇到了问题?

（2）主要问题是什么?

（3）与当前场景相关的因素有哪些?

（4）问题遭遇者的主要目标是什么?

（5）需要避免当前场景下的哪些负面因素?

（6）当前场景下的哪些行为是值得采纳的?

将所得结果整理成结构清晰、调理清楚的文字,形成设计问题。其中应包含对未来目标场景的清晰描述,以及可能产生设计概念的方向。对问题的清晰界定有助于设计师、客户及其他利益相关者进行有效的交流与沟通。

设计问题界定后,需要进行分合思维。分合思维是一种将思考对象在思想中加以分解或合并,以产生新思路、新方案的思维方式,如图 2.12 和图 2.13 所示。

图 2.12　场景展示

图 2.13　分合场景

七、用户观察法

用户观察法是指为了确定产品内容、对象及地点,在毫不干预的情况下对用户进行访谈或采用问卷调查的形式实现目标的一种方法,如图 2.14 所示。在真实环境中或实验室设定的场景中观察用户对产品的反应,可通过拍摄视频、拍照片或记笔记来记录。也可以将所有数据整理成图片、笔记等形式,再进行统一的定性分析,全方位地分析用户行为并将其转化为设计语言。

用户访谈一般应用于开发消费者已知的产品或服务,如图 2.15 所示。访谈能深入洞察特殊的现象、特定的情境、特定的问题、常见的习惯、极端情形和消费者偏好等。进行用户访谈时,具体步骤为:制订访谈指南,包括与问题相关的各种话题清单;邀请合

图 2.14　用户观察实景

图 2.15　用户访谈

适的采访对象,一般依据项目的具体目标选择3~8名被采访者;实施访谈的时长通常为1小时左右;在访谈过程中需要进行录音记录,记录访谈对话的具体内容;最后,需要总结访谈笔记。

问卷调查是一种运用一系列问题及其他提示从受访者处收集所需信息的方法,如图2.16所示。问卷调查能帮助设计师获取用户认知、意见、行为发生频率及消费者对某种产品或服务的设计概念感兴趣的程度,从而帮助其确定对产品或服务最感兴趣的目标用户群。进行问卷调查时,具体步骤为:以需要项目的研究问题为基础确定问卷调查的话题;选择每个话题的回答方式,如封闭式、开放式或分类式;合理、清晰地布局问卷,解决问题的先后顺序并归类;测试并改进问卷,因为问卷的质量决定了最终结果是否有用;根据不同的话题邀请合适的调查对象,可随机取样或有目的地选择调查对象;运用数据展示调查结果及被测试问题与变量之间的关系,调查结果可以为设计师提供目标用户的相关信息,有助于找到设计项目中需要重点关注的地方。

图2.16 问卷调查

八、产品结构及工艺调研

产品设计受产品的功能、构造和制造方法等影响较大,因此需要掌握与产品相关的技术信息,如图 2.17 所示。产品结构及工艺调研主要是二手资料的收集整理、专家意见调查,以及产品拆解实验等。

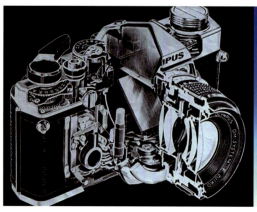

图 2.17　产品结构及工艺调研

进行同类产品特性比较,是为了了解竞争对手的产品动向,需要收集大量的产品样本和样品,分析设计趋势。一般将市场上现有产品的各项特点,如品牌、功能、特色、诉求重点、价格、使用材料等详细列出,以此来分析市场现有产品在满足顾客不同需要方面的设计特点,进而比较各竞争产品的优缺点,制作成产品分析图表,如图 2.18 所示。

品名	佳能IXUS105	三星WB550	索尼T90
外观			
功能特点	全自动 光学变焦4倍 光学防抖 腕带 2.7英寸显示屏	功能全面 部分手动 双重防抖（OIS+DIS） 10倍光学变焦 多种拍摄模式和特效模式 3英寸显示屏	相机震动警示 4倍光学变焦 卡尔蔡司镜头 3英寸显示屏 触摸屏
设计特点	轻巧机身 多色彩：新叶绿、玫瑰粉、深栗褐、晨露银、水晶蓝 时尚超薄 机身质量117g	传统 色彩单一 机身质量225g	金属机身 多色彩：银色、黑色、粉色、蓝色、棕色 时尚超薄 机身质量128g

图 2.18　市场现有产品分析图表

九、地域文化特征调研

产品设计所面向的使用人群一般生活在一定的地域文化环境中,他们的审美取向、价值取向、生活习惯等都受到这些环境因素的影响。产品只有符合当地目标人群的偏好,才能得到人们的认可。进行地域文化特点及差异的研究对于企业进行跨文化的产品开发来说,具有极大的指导意义。

在对目标市场的地域文化特征进行调研时,不仅需要了解人们的审美偏好,而且还需要调研当地的文化传统、习俗、宗教禁忌等,进而制定正确的设计策略,如图2.19所示。

图2.19 地域文化特征调研

例如,龙在东方是瑞兽,其形象通常用来象征皇权、中华民族的精神,甚至中国,如图2.20所示。而龙的形象在西方通常用来象征坏的事物或者有威胁性的状况,诸如邪恶的有翼怪物、恶魔、凶暴的人等,如图2.21所示。

文化创意产品设计

图 2.20　东方龙的形象

图 2.21　西方龙的形象

十、品牌形象特征调研

　　地域文化是产品的民族特性，企业文化是产品的家族特性。品牌形象（图 2.22 和图 2.23）是企业生存依靠的精神力量和文化力量，这些力量因长期积累而成，逐渐凝结成相对固定的形象特征，并体现在产品上。

图 2.22　法拉利、宝马和奥迪品牌

46

图 2.23　飞利浦品牌

十一、产品风格认知调研

进行产品风格认知调研时，需要通过产品市场分析图，从中寻找到以下关键点，如图 2.24 所示。

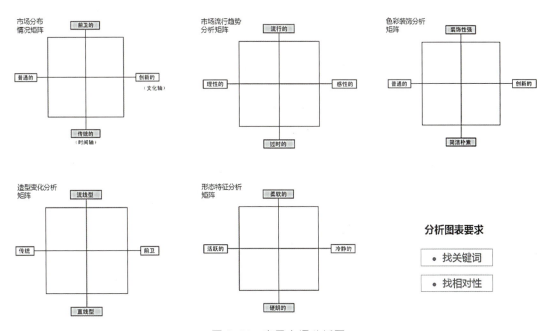

图 2.24　产品市场分析图

(1)现有产品的市场空白点。
(2)竞争对手产品的优缺点。
(3)定位自己产品的市场推广方向。

十二、明确设计方向

明确设计方向可采用趋势分析法、功能分析法、SWOT 分析法和搜寻领域法。

(一)趋势分析法

趋势分析法能帮助设计师辨析用户需求和商业机会,从而为进一步制定商业战略设计目标提供依据,也能催生创意想法。采用趋势分析法时,应尽可能多地列出各种趋势,可使用一个分析清单帮助整理相关的问题和答案,过滤相似的趋势并将各种趋势按照不同的等级进行类别分析,如图 2.25 所示;要辨析这些趋势是否有相关性并找到它们之间的联系,确定有意思的新产品或服务研发方向;也可将不同的趋势进行组合,观察是否会催发新的设计灵感。趋势分析法不仅能启发灵感,而且能帮助设计师认清推出新产品所面临的风险和挑战。

图 2.25 趋势分析法示例

(二)功能分析法

功能分析法是一种分析现有产品或概念产品的功能结构的方法,可以帮助设计师分析产品的预定功能,并将功能和与之相关的各个零部件相联系,如图 2.26 所示。产品功

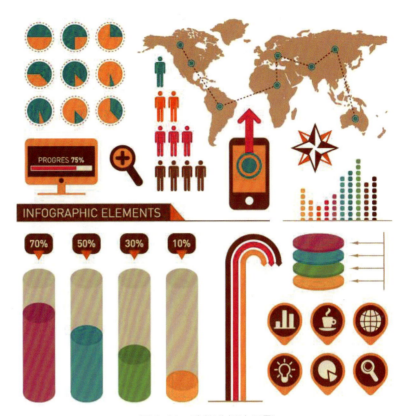

图 2.26 功能分析法示例

能是"产品应该做什么"的抽象表达,设计师需要将产品或设计概念通过主功能和子功能的形式进行描述,列出产品功能清单及其主功能与子功能。而面对复杂的产品,设计师可能需要梳理产品功能结构图,此时可以遵循三个原则:一是按时间顺序排列所有功能,将功能按不同等级进行归纳;二是整理并描绘功能结构,补充添加一些容易被忽视的"辅助"功能,推测功能结构的各种变化,最终选定最佳的功能结构;三是功能结构的变化可以依据产品系统界限的改变、子功能顺序的改变拆分或合并其中的某些功能。

(三) SWOT 分析法

SWOT 分析法能帮助设计师系统地分析出企业运营业务在市场中的战略位置并依此制订战略性的营销计划,如图 2.27 所示。"SWOT"是"Strengths"(优势)、"Weaknesses"(劣势)、"Opportunities"(机会)、"Threats"(威胁)四个单词首字母的缩写,前两者代表产品内部因素,后两者代表外部因素。

进行内部分析时,我们的产品属于什么行业?进行外部分析时,可以思考这些问题:当前市场环境中最重要的趋势是什么?人们的需求是什么?人们对当前产品有什么不满?什么是当下最流行的社会文化和经济趋势?竞争对手们都在做什么?它们计划做什么?整个产业链的发展有什么趋势?然后,列出产品的优势和劣势清单,并对照竞争对手逐条进行评估；将精力主要集中在产品自身的竞争优势及核心竞争力上，不要太过于关注自身劣势；将分析所得结果条理清晰地总结在 SWOT 表格中，与团队成员和其他利益相关者交流分析结果。

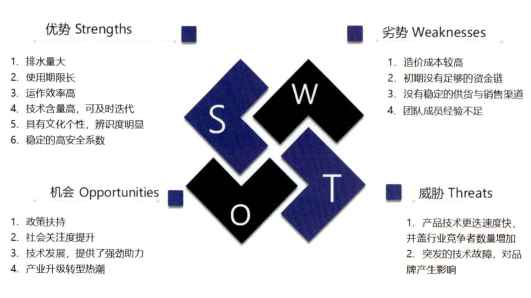

图 2.27　SWOT 分析法示例

（四）搜寻领域法

搜寻领域法能帮助设计师在开发新产品时找到市场机会。该方法通常在 SWOT 分析结果的基础上进行综合整理，将 SWOT 分析所得的结果作为起点，将结果放在一个矩阵中寻找可能的关联，如图 2.28 所示。先结合内部优势和外部机会，通过发散思维创造出一些搜寻领域，并依据选择标准对通过思维发散出的领域进行筛选，进而得出有价值的

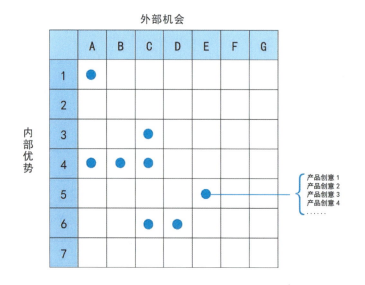

图 2.28　矩阵分析示例

搜寻领域；然后，进行一次用户情境或使用情境研究，检测各搜寻领域的可行性，并将这些搜寻领域归纳为设计大纲，并依据设计大纲中的各搜寻领域生成不同的产品创意。

十三、确定设计方法

确定设计方法一般采用维度分析法，如图 2.29 所示。运用维度分析法时，先为中心词画一个象限表，纵轴为解决效果，横轴为实现成本，然后根据每个点子的实际情况将其一一对号入座，最后根据产品开发的要求选取缩小点子的范围，直到最终确定可行性最高的点子为可行方案为止，如图 2.30 所示。

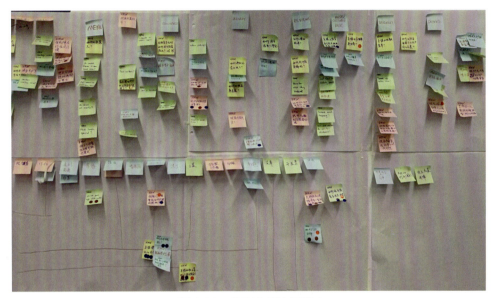

图 2.29　维度分析法示例 1

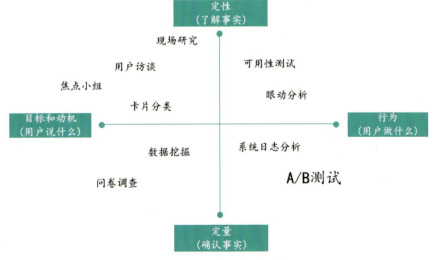

图 2.30　维度分析法示例 2

运用维度分析法对思维发散出的点子进行整理、筛选，挑选出有价值、有意义的设计点。至于采纳哪个方案，则需要对挑选出来的点子进行评估了。

十四、思考设计载体

将设计理念或者创新点运用到合适的载体上，是表达产品内在文化含义的基础。设计载体示例如图 2.31～图 2.34 所示。

【设计载体】

图 2.31　设计载体 1

图 2.32　设计载体 2

图 2.33　设计载体 3

图 2.34　设计载体 4

通过归纳和总结，文化创意产品设计载体主要分为以下类别（图2.35）：

图 2.35　文化创意产品设计载体的类别

（1）文具用品，如本、笔、橡皮、圆规、直尺、镇纸、笔筒、书签、放大镜、书籍、贺卡、明信片、书架等。

（2）生活用品，如火柴、蜡烛、扇子、梳子、水杯、雨伞、餐具、闹钟等。

（3）电子产品，如触控笔、电子表、音响、鼠标、播放器、手机等。

（4）纪念品，如钥匙扣、纪念币、纪念章、书签、画册等。

（5）文娱产品，如玩具、T恤衫、篮球、足球、羽毛球及球拍等。

十五、提炼设计方法

提炼设计方法是要将传统文化元素特征进行提炼并赋予新应用，以减法的方式删除繁复的非本质的部分，最终保留和完善最具有典型意义的部分。提炼传统文化元素特征的方法有变异修饰、打散再构、借形开新、承色异彩和异形同构。

（一）变异修饰

变异修饰的方式分为变形、变色、变式和变意，如图 2.36 所示。

（二）打散再构

打散再构的具体步骤是：先原形分解，进行重新组合；再移动位置，打散原形组织结构形式，移动后重新排列；最后，进行切除，选择美的部分或从美的角度分切，保留最具特征的部分。

（三）借形开新

借形开新即借助一个独特的外形或具有典型意义的样式进行新图形塑造。

【设计特征】

图 2.36　变异修饰

（四）承色异彩

承色异彩即借鉴传统色彩的配色方式进行设计，或打破传统色彩的局限对局部色彩进行变换。

（五）异形同构

异形同构实质是一种组合方式组合元素不断变换，也可以通过不断的配对重组促使新图形产生，主要分为异形同构、图文同构、中西文同构几种方式，如图 2.37～图 2.39 所示。

【设计特征的形式】

图 2.37　异形同构

图 2.38　图文同构

图 2.39　中西文同构

十六、开展设计探索

开展设计探索时，一般通过联想用户的使用情境进一步挖掘设计点，采用故事板（图 2.40）深化产品细节，并制作效果图。如果产品注重用户体验，那么对于用户角色模型和用户场景的了解就不能少，而在产品设计中故事板能够直观地体现出用户和产品的使用情境。

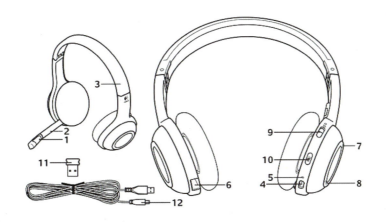

【动画故事板】

图 2.40　故事板示例

故事板起源于动画行业。尤其在影视中，故事板的作用是来安排剧情中的重要镜头。故事板相当于一个可视化的剧本，展示了各个镜头之间的关系，以及它们是如何串联起来，给观众一个完整的体验。

当前，故事板在产品设计过程中也被广泛地采用。虽然产品设计故事板和影视动画制作故事板都是用一系列的图片和语言组成的视觉表现形式，但是两者所表达的信息和目标用户却不一样。产品设计故事板的目的是让产品设计师在特定产品使用情境下，全面理解用户和产品之间的交互关系。

想要描述好用户场景，需要对用户使用这个产品的过程有一个基本的了解，还需要对用户角色和使用情景有所设想，如图2.41所示。因此，合理地设计故事板应该注意以下几个方面：

（1）确定角色，多个角色做多个故事板。

（2）确定必须完成的目标。

（3）确定故事的出发点或事件。

（4）明确角色信息及关注点。

（5）确定故事板数量取决于人物角色和目标数量。

（6）撰写故事，有始有终。

【文字故事板】

图 2.41　通过故事板对市民进行访谈调研

第二节　呈现方式

文化创意产品主要以三种方式呈现，分别是精神内核、行为过程和外在形象。

一、文化的精神内核

文化的精神内核是指吸收传统文化的精髓，找到契合点并与现代产品相结合，以创新的手段体现文化意境为主要目的，使传统文化走入现代人的生活。

如图 2.42 所示，这是一款便于随身携带牙签的小盒子，取名为"上上签"。牙签盒颜色采用中国传统的黑色、红色搭配，造型灵感来源于天坛祈年殿。通过这种外观设计，可引导使用者随身携带牙签，改变生活中的习惯来参与环保，达到功能和形式的完美统一。该产品充满了中国传统文化的感觉，拉近了产品和使用者的距离，虽然外观有别于同类产品，但其出众的艺术品位，却给了普通的生活用品更多的含义。

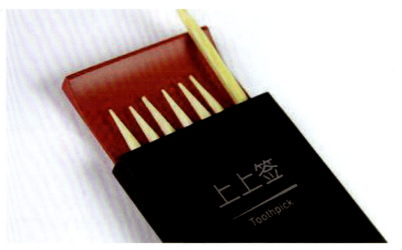

图 2.42　上上签

【上上签】

"上上签"这个名字很容易让人联想到中国的祈福文化，并透着一层厚重的象征意义。设计师感慨地说："从原始的占卜到摇签卜卦的仪式，中国人几乎一刻也没有与图腾、祈福行为相离。"在谈到创造的灵感时，设计师说很多人第一次看到"上上签"时都会不由自主地感到某个深刻的意象在隐隐地传达给他们，而这种意象恰好取材于天坛祈年殿的殿顶轮廓。在设计者看来，天坛祈年殿是中国祈福文化的代表性建筑，而置于内屉中的牙签便具有了承重立柱的象征意义。

二、文化的行为过程

文化的行为过程是指寻找事物之间在操作方式和使用方法上暗含的相似性，把一个事物的某种属性应用在另一事物上。

如图 2.43 所示，"三国杀"游戏是中国传媒大学动画学院的学生设计的。该游戏融合了西方类似游戏的特点，并以中国三国时期为背景，以身份为线索，以卡牌为形式，合纵连横，经过一轮一轮的谋略和动作获得最终的胜利。"三国杀"游戏集历史、文学、美术等元素于一身，在国内广受欢迎。

【"三国杀"游戏介绍】

图 2.43 "三国杀"游戏海报

"三国杀"游戏作为市场上众多三国题材游戏的一种，将三国历史与桌面游戏进行了完美的"联姻"，以桌面游戏独有的方式向玩家展示了一个个鲜活的三国人物、一段段精彩的三国故事。例如，"三国杀"游戏里每一名武将的技能都是从其生平履历或性格特点中提炼出来的；又如，孙尚香的独有技能是"联姻"，该技能的使用方法也包含联姻的意味；再如，许多玩家之前没读过《三国演义》，却从吕蒙的技能"克己"里了解到"刮目相看""吴下阿蒙""白衣渡江"的典故。

这款游戏深度挖掘了游戏与文化的相似性，将娱乐方式与三国历史巧妙结合，灵活运用了三国中人物联系的故事背景，使得游戏本身与文化的过程现象完美融合。

三、文化的外在形象

运用文化的外在形象有两种方式：一是在传统物件上加入现代元素，使其时尚化、现代化；二是对传统物件的形态、传统文化图案图形元素进行提炼概括和打散重构等重塑化，最后将其进行重组或与现代产品结合。例如，将传统火柴进行创新，可使其具有观赏、收藏、纪念、礼品等功能，如图2.44所示。

如图2.45所示，北京奥运会火炬的创意灵感来自"渊源共生，和谐共融"的祥云图案。祥云的文化概念在中国具有上千年的时间跨度，是具有代表性的中国文化符号。而火炬造型的设计灵感来自中国传统的纸卷轴。纸是中国古代"四大发明"之一，通过"丝绸之路"传到西方，人类文明随着纸的出现得以传播。此外，源于汉代的漆红色在火炬上的运用使之明显区别于往届奥运会火炬的设计，红色、银色对比的色彩产生醒目的视觉效果，有利于各种形式的媒体传播。火炬上下比例均匀分割，祥云图案和立体浮雕式的工艺设计更使整个火炬显得高雅华丽、内涵厚重。

【北京奥运会火炬】

图2.44　火柴设计　　　图2.45　北京奥运会火炬

第三节　文化应用载体

文化的应用载体主要有三类，分别是实体产品、虚拟产品和虚实结合产品。

一、实体产品

实体产品以物质实体的形式存在如图2.46和图2.47所示。实体产品一般通过实体店销售，计算机网络可以辅助其营销，但不能通过计算机网络来传递，必须依靠传统的运输系统。需要注意的是，以光盘形式销售的软件、音乐、电影等由于其载体是物质形式的，所以只能算是实物产品。

【文化应用载体1】

图2.46　文化应用载体1

图2.47　文化应用载体2

二、虚拟产品

虚拟产品无实物性质，在网上发布时默认为无法选择物流运输的商品，包括可由虚拟货币或现实货币交易买卖的虚拟商品或虚拟社会服务等。商品分为实物商品和虚拟商品，而虚拟商品又分为数字商品和非数字商品。虚拟商品是指电子商务市场中的数字产品和服务，一般专指可以通过下载或在线等形式使用的数字产品和服务。

三、虚实结合产品

虚实结合产品是指虚拟商品或虚拟服务与其配套的实体产品的组合,两者相辅相成,缺一不可,如图2.48和图2.49所示。例如,谷歌眼镜及其所产生的服务功能就是虚实结合产品。

【文化应用载体2】

图2.48 文化应用载体3

图2.49 文化应用载体4

单元训练

(1)设计一套茶壶,系统练习完整的产品设计流程。

训练时间:1课时。

训练方式:教师先给提示,引导学生通过发散思维联想有关的元素,对发散出的点子进行整理、筛选,挑选有价值的设计点,提炼设计体征,进行设计探索,通过联想用户的使用情境进一步深化产品细节,并制作效果图。

训练提示:思考与茶壶相关联的事物,以及如何与文化创意相结合,设计出有价值的文创产品。

训练要求：

① 挑选出一种方法进行发散思维。

② 挑选有价值的设计点，进行细化完善。

③ 采用 A3 纸，至少画出 5 张草图，色彩不限。

训练目的：掌握系统的产品设计的流程和方法。

（2）运用本章的设计方法，思考如何系统地设计出一款与家乡有关的文化创意产品。

训练时间：2 课时。

教学方式：教师引导学生挖掘设计点，整理、筛选有价值的设计点，并思考如何与文化创意相结合，然后进一步完善设计。

训练提示：思考自己家乡的特色文化、民俗、代表建筑等，找到切入点后进行发散思维，再选择合适的设计载体进行文化创意设计。

训练要求：

① 选择一种适合自己的方法，进行系统化的产品设计。

② 采用 A3 纸，至少画出 5 张草图，色彩不限。

③ 选择一个较为满意的方案，进一步完善细节，并上色。

训练目的：训练学生挖掘生活中的设计点，培养其系统性的设计思维。

第三章　设计解析与实践

设计要挖掘血液里的精神。自然界是最好的设计师。
——美国著名工业设计管理大师　高登·布鲁斯

标准化并不意味着所有的房屋都一模一样，主要是作为一种生产灵活体系的手段以适应各种家庭对不同房屋的需求，适应不同地形、不同朝向、不同景色等。
——芬兰现代建筑师　阿尔瓦·阿尔托

设计是拒绝任何规则与典范的，本质就是不断地超越与探索。未来，实用耐用的商品将取代美丽的东西。明日的市场，消费性的商品会越来越少，取而代之的是智慧型且具有道德意识，即尊重自然环境与人类生活的实用商品。
——法国著名的设计大师　菲利普·斯塔克

本章要求

在做设计之前,要明确设计对象的文化内涵,准确地进行设计定位,综合考虑设计受众的需求,运用设计方法做出有用、好用的设计作品。

本章目标

培养设计解析能力,提高设计前的调研能力,准确地把握产品设计定位,为日后的设计工作打下坚实基础。

内容框架

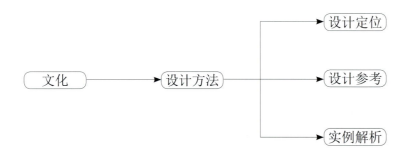

本章介绍如何将设计方法运用到具体实例中,怎样将所学的设计理论知识融入产品设计中,怎样根据不同的设计对象选择最合适的设计方法进行设计,从而设计出优秀的作品。找到准确的设计方法是成功进行设计的关键步骤。设计师需要综合考虑各种因素,如节省生产成本、保护环境、循环利用、人机工程等,这些因素都是为了满足人们的需求而必须综合考虑的。

设计方法决定了整个设计风格的走向,影响着品牌发展的进程。做任何设计之前都需要了解其文化背景和历史渊源,只有了解以后才能更好地结合当下,做出符合时代潮流的设计。任何一个优秀的设计,都是对文化特色的反映,如果充分了解了文化内涵,做设计就会如鱼得水。将设计方法运用到实践当中去,还需要我们去学习了解设计对象的文化底蕴,充分把握其设计定位,熟悉其设计受众人群。

本章通过设计实例具体讲述如何运用正确有效的设计方法做设计,以及如何进行准确的设计定位,并运用好设计参考进行设计。

第一节　设计定位

文化创意产品设计定位涉及三个方面的内容，分别是应用内容、文化类别和设计载体，如图 3.1 所示。

【设计定位 1】

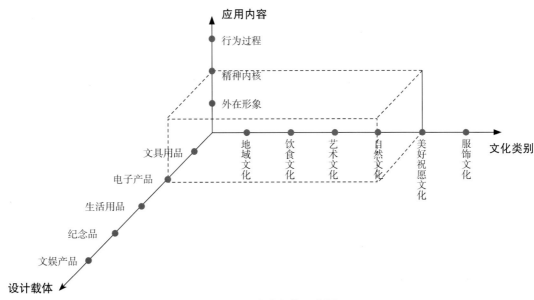

图 3.1　设计定位示意图

根据图 3.1 的分析归纳，应用内容包括行为过程、精神内核和外在形象三个方面；设计载体分为文娱产品、纪念品、生活用品、电子产品和文具用品几类；文化类别分为服饰文化、美好祝愿文化、自然文化、艺术文化、饮食文化和地域文化几类。

对于每一个文化产品来说，都可以将其对应到一个以应用内容、文化类别、设计载体为轴的三维图中进行确切定位。因此，在进行文化创意产品设计时，我们要以此为出发点，分别从这三个方面去思考有关文化产品的设计方向，进而完成产品的立体定位。

这种方法可为学生提供一种可行性强、操作性高、效率显著的设计定位思路。

从设计定位的角度来看，要对大量的产品进行整理和归类，首先应从设计载体和文化类别两个方面进行分析，如图 3.2 所示。

在进行文化创意产品设计时，行为过程、精神内核和外在形象这三个方面内容往往交叉或重复出现。如图 3.3 和图 3.4 所示的分别是应用内容的单一定位与多重定位的实例。

文化创意产品设计

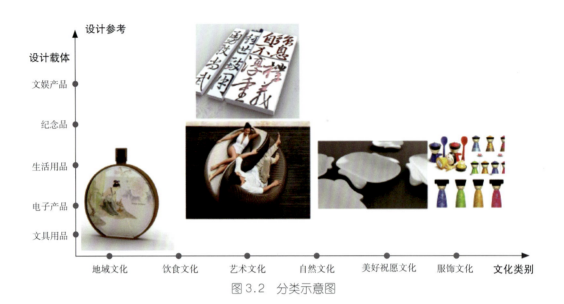

图 3.2 分类示意图

【设计定位 2】

图 3.3 单一定位实例

图 3.4 多重定位实例

第二节 设计参考

【MUJI 播放器 1】

一、MUJI 播放器

MUJI 播放器是一个酷似排气扇的 CD 播放器，如图 3.5 所示，其特别之处在于有一个拉绳开关。这种设计的目的更多地考虑了人们的怀旧心理，因为过去的电灯多采用拉绳开关，很多人在小时候都有过反复拉动拉绳开关让电灯不断地开闭的经历。而

第三章　设计解析与实践

图 3.5　MUJI 播放器 1

此时，在拉动这款播放器的拉绳时，出现的不再是灯光的明暗，取而代之的是美妙音乐的响起。

　　MUJI 播放器的设计师原研哉说，这款 CD 播放器有着和排气扇差不多的外形，如图 3.6 所示。将 CD 放入中央，扯一下拉绳，就可以播放 CD，操作起来就像打开抽风扇一样。即便知道这是台 CD 播放器，但因为抽风扇的印象深刻在脑海中，所以每当凝视这款 CD 播放器时，我们的身体就会起反应，特别是脸颊附近的皮肤，会敏锐地感觉到风即将吹出来。只不过，最终吹出来的不是风，而是音乐。由于做成抽风扇的造型，或许稍微牺牲掉本身的音响性能，但对于收听音乐的人们来说，他们的感受变得更加敏锐，或许相对地提升了音响的性能。

　　看过很多关于这款设计的报道，也听过很多设计师的评价，唯独在原研哉的评价中，找到了一种心灵的默契。有人抱怨这款 CD 播放器的音响太差，勉强听过几次，就此搁置；有人单单欣赏这款 CD 播放器的外形设计，仅挂在家中，作为摆设。而大多数人都忽略了，如何将自己的生活和感受融入设计中。

　　设计，已不仅仅作为设计的本身而存在，更重要的是，它可以去表现一种态度。更甚者，设计可以引领一种生活方式。设计和享受设计的同时，是在创造和享受生活。只有这样，设计才会被赋予真正的生命力。

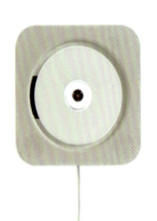

【MUJI 播放器 2】

图 3.6　MUJI 播放器 2

原研哉曾说:"我是一个设计师,可设计师并不代表就是一个很会设计的人,而是一个抱持设计概念来过生活的人、活下去的人。"就好像一个在园子里收拾整理的园丁一样,每天都在设计的园子里做设计的果实,所以不论是设计一件好的产品还是整理设计的概念、思考设计的本质,抑或是通过写作去传播设计理论,都是一个设计师必须要做的工作。

二、"The China Family——清宫系列"旅游纪念品

中国台北故宫博物院与意大利家用品牌阿莱西合作推出的"The China Family——清宫系列"是将地域文化元素与设计中的趣味性元素相融合、渗透的优秀案例,如图 3.7 所示。该系列产品将提炼出的地域文化元素以趣味性的方式呈现,并将其融入旅游纪念品设计中。这是一种很好的发展旅游纪念品的模式。

该系列产品造型别致、颜色大胆、取材独具匠心,以清宫中的人物作为元素设计成人偶形状的厨房产品,象征着古今交融,使人产生耳目一新的感觉。而且,它们做工精良,不仅可以作为旅游纪念品,而且更像是高品质的工艺品。

【阿莱西清宫系列】

图3.7 "The China Family——清宫系列"旅游纪念品

该系列产品精炼地提取出清宫的人物形象、服饰、冠带等元素，以夸张、趣味的手法对其形态进行设计。例如，调味罐组合恰好是一对清代夫妻形象，无论是外观上还是寓意上都恰到好处，而且在色彩上大胆使用了较饱和的色调，夫妻造型一致，但通过各自服饰的色彩及图案样式可以区分角色，使人一眼便体会出其中的趣味性。

作为产品设计的核心，功能也是产品实现趣味性的一个重要切入点。该系列产品以产品的功能作为基点，给人带来一种人性化、富有人情味的感受。例如，有个人物形象看似一位尽忠职守的官员，而事实上它手中的"兵器"却是食水煮蛋或调味料用的小汤匙，不免让人莞尔一笑；它头顶上的冠还可用来放调味料，赏玩与实用兼具，逗趣迷人。这些产品巧妙地将人物形象中的各元素合理地转变为具体的功能，实现了实用与趣味的相互交融。

当前，人的情感需求已是设计师必须考虑的重要因素之一，只有当产品的外观和功能能同人深层次的情感结合时，产品才具有更高的审美价值。该系列产品在地域文化的基础上融入趣味性，发展了现代设计思想，体现出了设计的人文关怀，除了以其独特的外形征服消费者之外，令人耳目一新的还有它在使用方式上的创新。例如，小士兵形象的榨汁器在榨果汁时就变成了压榨他人的清朝官吏。小士兵的双重身份让人在使用的过程中更加深刻地体会到设计者的用心，牵动了人与产品之间的情感纽带。

三、荷塘月色香台

清瘦的莲蓬安静地卧在荷叶之上，当香椎燃起，烟雾从莲底缓缓倾泻出，时而千丝万缕，仿佛水上迷蒙的雾霭；时而晕做一团，恰似水中月影的波澜。荷塘月色香台（图3.8）所描绘的，不是娇艳动人的映日荷花，而是行将凋零的夏末残荷，恰如一位满脸皱纹的老妇人，虽然如花的容颜早已逝去，但那份安详、宁静、端庄与从容，却述说着源自心底的灵魂之美。

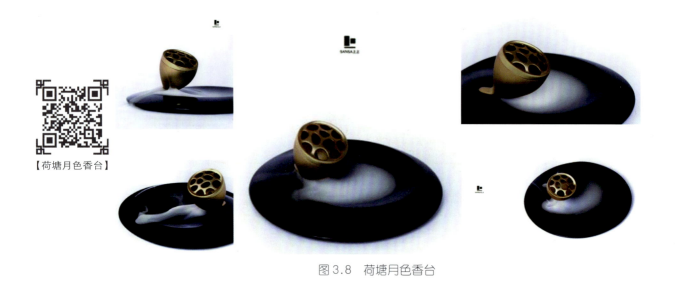

【荷塘月色香台】

图3.8 荷塘月色香台

禅宗中常将月影比作人的心性，所谓"应是水中月，波定还自圆"。烟雾晕成圆圆的一湾，恰似荷塘上晃动的月影。一颗石子打散了月影，而月亮依然挂在天上，很快月影又会出现。这就如同我们的心境一般，时常被外界纷扰，凌乱不定。但是心性常在，只要我们静下心来，用一炷香的时间倾听内心，便可找回那片静谧的荷塘，守候心中的明月。

淡淡馨香，温润之美。放下忙碌的工作，避开委蛇的应景，在这片刻与香面对，也是面对心中的真我。这就是荷塘月色香台设计的魅力之所在。

四、"yinyang-shaped"沙发

【"yinyang-shaped"沙发】

这款由德国设计师Elemeats设计的"yinyang-shaped"沙发（图3.9）也是一组时尚的沙发。设计师以太极双鱼为原型，把中国的传统文化运用到沙发的设计当中，令人叫绝。

这款太极沙发集传统与时尚于一身，将中国的传统元素太极融合到极致。同时，其产品造型又不失时尚，优美的曲线设计体现了强烈的现代感。在色彩方面，该设计运用了太极双鱼的黑白两色，把太极沙发分成两个部分；在材质方面，采用了

图 3.9 "yinyang-shaped"沙发

富有大自然气息的竹编方法,让人感受到浓浓的传统气息;而中间的"鱼眼"坐垫,则采用了软硬适中的材料,增强了舒适感。最重要的是,该产品的使用方式与文化理念一致——阴阳调和。

五、茶具设计

(一)"大耳有福"套盘(图 3.10)

"大耳有福"意指耳朵大者福气广。"大耳有福"套盘的设计来源于经典的中式传统耳盘,盘边有耳,福寓盘中,表达的并非是因大耳有福,而是承载、容纳得越多,福气就越广。只有不断地超越自我的极限,拓充心灵的容量,才能体味更加豁达深远的人生。而这,才是真正的福气。

(二)"品音"茶盘(图 3.11)

"品音"茶盘在传统茶盘的基础上,加入音乐播放功能,同时采用古琴的拨奏手势作为乐曲控制方式,与古琴的造型相得益彰,使品茗与聆音的过程浑然一体。

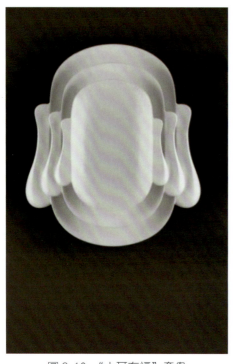
图3.10 "大耳有福"套盘

图3.11 "品音"茶盘

(三)"一炷香一杯茶"套组(图3.12)

产品把手上的老虎正处在进退维谷的境地,前方是盛满茶水的"深渊",身后是深不见底的"悬崖",如此窘迫的境地应当何去何从?"吃茶去!"——从身边的点点滴滴中寻找答案,这便是当下的智慧。茶杯与香台组成了"一炷香一杯茶"套组,这是一种生活方式的设计,谢绝忙碌的聚会与应酬,只与自己面对,在烟气馨香中品味茶中滋味,即使只有片刻,也是对心灵的洗礼。

【茶具设计】

图3.12 "一炷香一杯茶"套组

六、香台设计

（一）"飞龙在天"香台（图 3.13）

"飞龙在天"香台设计的灵感来自有"中华第一玉龙"之称的红山玉龙，用现代设计手法，抽象地展现出中国传统文化中龙图腾的形象。整个造型天圆地方，五行齐全。于静夜焚香，在烟气袅袅之间，犹见一条金龙升腾云中。

图 3.13 "飞龙在天"香台

（二）"高山流水"香台（图 3.14）

"高山流水"香台采用道旁石的天然形态，将朴素的自然之美融于流动的线条和垒叠的角度，虽为人工，却宛若天成。巧妙的设计让烟气自卵石间蜿蜒而下，如涓涓云水漫过山间，仿佛仰观高山流水的自然气象，使人体会到隐遁山林的自在幽远。

（三）"上山虎"香台（图 3.15）

以石代山，以虎喻人；步步登高，虎啸人生路；香枝燃尽，轨迹犹存。"上山虎"香台以极具雕塑感的切面造型塑造出凌厉的山峦，配合抬头望月的虎符姿势，在刚与柔、动与静、大与小的对比间碰撞美感。巧妙的设计将曾经弃而不用的香灰幻化成灵动的笔墨，当香枝点燃，徐徐掉落的香灰便如同老虎的脚印，也如生命的痕迹一般清晰可见。

图 3.14 "高山流水"香台

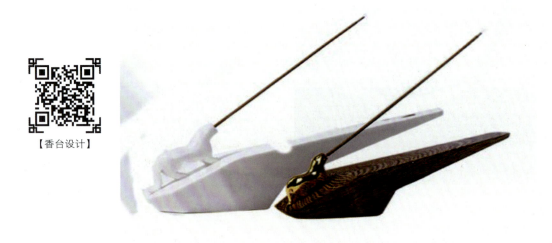

【香台设计】

图 3.15 "上山虎"香台

第三节　实例解析

设计目标：根据中国传统文化，设计一套木质玩具。

一、实地考察

应企业邀请，组织学生实地考察木质玩具文化节，如图 3.16 和图 3.17 所示。

图 3.16　木质玩具展示

【木玩文化节】

图 3.17　木质玩具展览

二、考察过程

学生在考察木质玩具活动中的点滴如图 3.18～图 3.21 所示。

图 3.18　木质动物玩具展示

图 3.19　木质动漫角色展示

图 3.20　木质玩具应用场景

图 3.21　木质玩偶展示

三、生产实践

参观工厂，学习木质玩具制作流程与方法，如图 3.22～图 3.25 所示。

图 3.22　木质玩具制作流程 1

图 3.23　木质玩具制作流程 2

图 3.24　工厂流水制作

图 3.25　手工制作

四、设计调研

在设计展开之初，设计师对文化与玩具进行多方位的详细的调研，将市面上的玩具归纳为创建构造类、感官训练类、科学探索类、逻辑图形类、陪伴性质类、运动类、遥控类等几类。

在以设计载体、应用内容、文化类别为轴的设计定位坐标系中，木质玩具作品"十二生肖"以文娱产品类别中的玩具类别为设计载体，运用"十二生肖"这一艺术文化类别，采用了文化外在形象这一应用内容。同时，设计师结合市面上所有的玩具类型和玩具中采用的智能元素制作了二维坐标，从而使木质玩具作品"十二生肖"的设计定位更加精准。

关于"十二生肖"玩具前期调研过程中点滴如图 3.26 和图 3.27 所示。

第三章 设计解析与实践

图 3.26 "十二生肖"玩具前期调研点滴 1

图 3.27 "十二生肖"玩具前期调研点滴 2

五、文化故事

木质玩具作品"十二生肖"设计的文化故事如图3.28所示。在古代,人们没有计时钟表,为了更加精确地记录各个时辰,人们用十二地支配十二种动物来计时,即"十二生肖计时法"。但随着科技的进步,现代计时钟表取代了"十二生肖"计时,人们非但不了解"十二生肖"排序的来由,甚至根本无法区分是哪十二种动物,所以设计这款玩具可以加强人们对"十二生肖"的认知。

图3.28 "十二生肖"的文化故事

课题研究过程采用系统论的研究方法，全面分析了解"十二生肖"的来历。首先，对各种动物给人们的印象进行意象分析，概括十二种动物的外形特征并提炼设计语言；然后，对市面上的木质拼装玩具进行市场调研，了解市场分布、发展趋势及设计特点，并进行设计造型定位；之后，了解学龄前儿童的生理和心理的发展特点，对设计的目标用户进行界定；最后，通过产品设计，实现对传统文化的有效传达。

"十二生肖"文化作为中国的传统文化，是古人发明的一种纪年法和计时法，然而随着时代的发展，这些传统的纪年法和计时法已经在人们的意识中渐渐褪去。设计师设计制作这样一套玩具，想让孩子在玩乐的过程中感受古人用自己的聪明才智创造的动物纪年法和计时法，同时在这些文化故事互动交流的过程中去积极地传承传统文化。

【十二生肖】

六、模型制作

各部件通过磁铁连接，方便拆卸和安装。作品建模如图 3.29 所示。

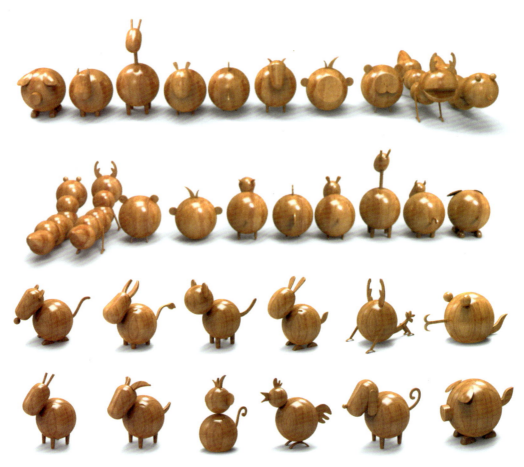

图 3.29　作品建模

作品模型制作过程如图 3.30 所示。

图 3.30　作品模型制作花絮

七、作品展示

作品展示如图 3.31～图 3.34 所示。

图 3.31 "十二生肖"作品展示 1

图 3.32 "十二生肖"作品展示 2

文化创意产品设计

图 3.33 "十二生肖"作品展示 3

图 3.34 "十二生肖"作品展示 4

第四节　实例展示

设计实例展示如图 3.35～图 3.47 所示。

依据网络课程的优秀案例进行适当调整。要求：设计优美，版式大方，图片清晰。

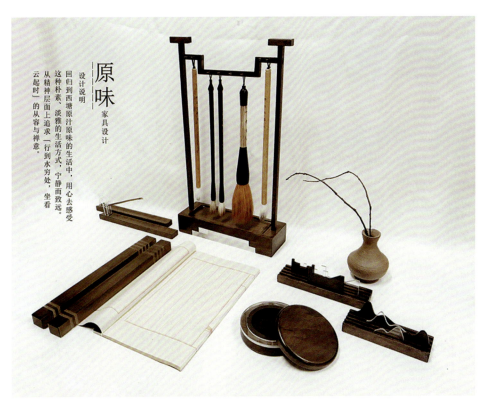

图 3.35　原味家具设计

图3.36　西兰姑娘文创产品设计

图 3.37 "一带一路"餐具设计

图 3.38 湘西特色农产品品牌形象设计 1

图 3.39　湘西特色农产品品牌形象设计 2

图 3.40　禅茶设计 1

图 3.41　禅茶设计 2

文化创意产品设计

图 3.42　禅茶设计 3

图 3.43 "印湘大"设计

主要运用/元素

黑白配色

曲线墙体

双叠式墙体

鹊尾式马头墙

产品/造型

在造型上，黑白韵「味」调味瓶基于徽派建筑的马头墙以及粉白墙体进行设计，在调味瓶恰当的结构运用提取的文化元素。

产品/定位

要确定调味瓶的设计风格，需要从徽派建筑带给游客的感觉出发。徽派建筑中由白色墙体点缀在墙体上气窗，以及错落有致的马头墙构成的点线面组合，使徽派建筑就像一张纸晕染的水墨画。古雅简洁、如诗如画，徽派建筑给人的感觉是柔和的，带有一种宁静的禅意，不浮躁，因此在设计中，将调味瓶的设计风格定位为柔和、沉静。

尺寸图

图 3.44 "黑白韵味"调味瓶设计 1

第三章 设计解析与实践

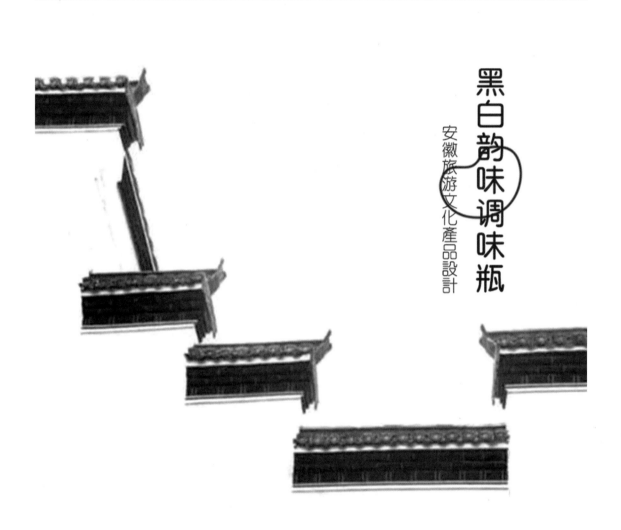

设计说明

黑白韵味调味瓶设计以徽派建筑为文化载体。主要运用的元素是徽派建筑的主要符号特征马头墙和粉白墙体。在设计过程中对马头墙和墙体的元素进行提取,并将提取的元素融合进调味瓶的结构。

图 3.45 "黑白韵味"调味瓶设计 2

95

图 3.46 "雁廻"家具设计

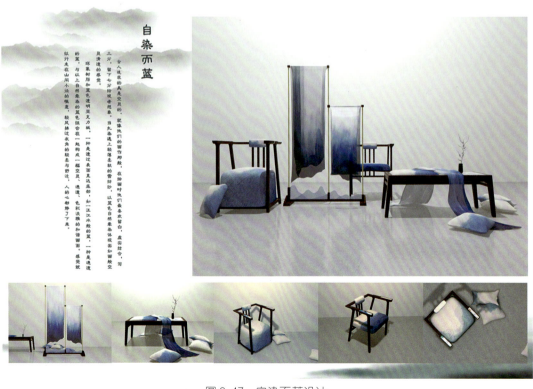

图 3.47 自染而蓝设计

单元训练

（1）以"××大学校园文化礼品设计"为主题，进行辅助练习。

（2）以"第二届中国当代陶瓷设计大赛"的参赛要求为题目，进行设计练习。

训练时间：1课时。

训练方式：以赛代学，将所学设计方法运用到实例中。

训练提示：注意实例中设计载体的材质，了解设计主题的文化。

训练要求：

① 体现设计主题文化。

② 明确实例的设计方法。

③ 符合"陶瓷"设计风格，明确具体要求，运用设计方法。

训练目的：充分了解文化定义，找到设计方法，与实例进行结合。

（3）以中国实木玩具为切入点，进行文化创意产品设计练习与制作实践。

训练时间：2课时。

训练方式：教师讲解每一个文化形态的概念，扩展一些课外知识。

训练提示：了解器物文化、行为文化、观念文化的具体内容和它们独特的底蕴。随着历史的变迁，每一代人、每一个地方、每一段历程，都充实着这些文化形态。

训练要求：

① 列出器物文化、行为文化、观念文化的内容、特征、发展历程。

② 选取其中一种文化形态，寻找相关资料，进行拓展训练。

训练目的：对所选文化形态的具体概念进行理解，加强对该文化形态的了解，从而更好地培养研究中国传统文化的能力。

课程总结

评价体系：

文化创意产品是指文化创意产业中产出的任何制品或制品的组合。从产品最终形态来看，文化创意产品包含两个相互依存的部分，即文化创意内容与硬件载体。文化创意产品区别于大多数一般产品的特殊性主要在于它的文化创意内容，这也是文化创意产品的核心价值。但是，文化创意内容无法独立存在，必然要依托具体的硬件载体而存在。因此，文化创意产品的价格主要由两个部分组成：一是硬件载体的成本；二是文化创意内容的精神与情感价值。前者易于量化，而后者往往难以量化。对于文化创意产品设计的评价，一般应从这两个方面来考虑。

为了实现文化创意产品设计的精神内涵与生产实践的有效融合，建议课程评价体系由企业评分、指导教师评分、学生互评三部分组成，尽可能地从创意、实用、经济、可行性等方面进行客观评价。

课程特色与发展目标：

（1）课程＋社会需求——契合市场与用户需求。

（2）课程＋科研项目——提高产品可行性。

（3）课程＋学科竞赛——激发学生想象力。

（4）教师＋企业资深总监联合指导——增强技术指导。

（5）理论平台＋技术平台＋展示平台——便于交流与拓展学习。

充分运用现代教学技术　　课程推广建议

推广建议：

（1）与企业形成长效机制，将课程建设与企业需求紧密结合。

（2）利用互联网平台推广，提高学生作品质量，使其进行自我展示，以吸引关注和众筹，帮助学生将作品推向市场，走向生产实践，进而转化为有价值的商品。

（3）结合"理论＋技术＋展示"三个平台，实现校园教学、科研、产业的"循环经济"。

推荐书目：

《产品设计进阶》 姚湘 胡鸿雁主编，北京大学出版社，2019年9月第1版

《通用设计方法》 [美]贝拉·马丁 布鲁斯·汉宁顿主编，中央编译出版社，2013年9月第1版

《创意产品开发模式：以文化创意助推中国创造》 林明华 杨永忠主编，经济管理出版社，2014年9月第1版

参 考 文 献

［美］贝拉·马丁，布鲁斯·汉宁顿，2013. 通用设计方法 [M]. 初晓华，译. 北京：中央编译出版社.

白洋，2016. 智能家居新发展 [J]. 现代家电（09）：57-58.

陈晨，2013. 日用品外观的情感化设计探析 [J]. 机械设计 30（8），127-128.

陈国强，2011. 产品设计程序与方法 [M]. 北京：机械工业出版社.

［美］唐纳德·A. 诺曼，2015. 设计心理学 1：日常的设计 [M]. 小柯，译. 北京：中信出版社.

［荷］代尔夫特理工大学工业设计工程学院，2014. 设计方法与策略：代尔夫特设计指南 [M]. 倪裕伟，译. 武汉：华中科技大学出版社.

郭万超，2016. 走向文化创意时代 [M]. 北京：经济日报出版社.

李永峰，柏锦燕，2015. 老年人网页的情感化设计研究 [J]. 包装工程 36（20），30-33.

鲁百年，2015. 创新设计思维：设计思维方法论以及实践手册 [M]. 北京：清华大学出版社.

罗仕鉴，朱上上，应放天，等，2009. 基于视觉—行为—情感的产品族设计基因 [J]. 计算机集成制造系统 15（12）：289-295.

饶倩倩，许开强，李敏，2016. "体验"视角下文创产品的设计与开发研究 [J]. 设计（09）：30-31.

佗卫涛，侯小桥，王莉，2014. 玩具产品造型创意设计 [M]. 南京：东南大学出版社.

［美］维杰·库玛，2014. 企业创新 101 设计法 [M]，胡小锐，董一舟，译. 北京：中信出版社.

吴军，2016. 智能时代：大数据与智能革命重新定义未来 [M]. 北京：中信出版社.

徐伯初，2010. 工业设计程序与方法 [M]. 西安：陕西人民美术出版社.

杨扬，2016. 智能家居系统应用的研究 [J]. 电子测试（14）：16-17.

[日]原研哉,2010. 设计中的设计(全本)[M]. 纪江红,朱锷,译. 桂林:广西师范大学出版社.

张琲,王洪阁,2006. 玩具设计与创新[M]. 北京:化学工业出版社.

张剑,薛峰,孙欣,2006. 玩具设计[M]. 上海:上海人民美术出版社.

赵惠军,2014. 家用医疗设备的应用设计及发展前景展望[J]. 医疗卫生设备7(35):105-107.

朱敏玲,李宁,2015. 智能家居发展现状及未来浅析[J]. 电视技术39(04):82-85.